KB234836

50패턴으로 여행하는

랜드마크 중국어회화

50패턴으로 여행하는
랜드마크 중국어회화

초판 1쇄 인쇄 2017년 11월 17일
초판 2쇄 발행 2019년 6월 11일

지은이   김정은
발행인   임충배
홍보/마케팅   양경자
편집   장혜정, 조은영
디자인   여수빈, 정은진
펴낸곳   도서출판 삼육오 (PUB.365)
제작   (주)피앤엠123

출판신고 2014년 4월 3일
등록번호 제406-2014-000035호

경기도 파주시 산남로 183-25
TEL 031-946-3196 / FAX 031-946-3171
홈페이지   www.pub365.co.kr

ISBN 979-11-86533-59-8 13730
© 2017 PUB.365 & 김정은

이 도서의 국립중앙도서관 출판예정도서목록(CIP)은 서지정보유통지원시스템 홈페이지(http://seoji.nl.go.kr)와
국가자료공동목록시스템(http://www.nl.go.kr/kolisnet)에서 이용하실 수 있습니다. (CIP제어번호: CIP2017003323)

50패턴으로 여행하는

랜드마크 중국어회화

김정은 지음

Pub.365

머리말

혹시 다들 중국어를 배우는 특별한 목적이 있으신가요?

아마 학업, 취업, 승진, 취미 등 저마다의 이유가 있겠죠.

제가 만난 많은 분께서는 "중국에 놀러 가서 한번 '써먹어 보고' 싶어서요"라고 하시더군요.

소통이라는 멋진 단어가 있지만,

좀 더 와닿는 표현 그대로 내가 중국어를 배웠으니 그들에게 써보고 싶다는 것이었습니다.

맞습니다. 각기 목적은 다르겠지만 본질은 결국 현지인과의 의사소통을 위해서 배우는 거겠죠.

하지만 많은 분께서 이 책 저 책으로 다양하게 배운 것 같긴 한데

막상 중국에 가니 무슨 소리를 하는지 하나도 모르겠더라라는 말을 하십니다.

혹은 나는 실제로 사용하는 유용한 표현들을 배우고 싶은데

책에는 너무 교과서적인 내용만 있더라라고 얘기하시죠.

자, 이런 생각을 한 번이라도 했다면 저와의 만남이 더욱 쏠쏠하고 즐거우실 겁니다.

이 책에서는 실제로 현지에서 많이 쓸 수 있는 회화 표현들로 구성했습니다.

제가 유학하면서, 여행하면서, 일하면서, 출장 다니면서 실제로 듣고 배우고 사용했던 표현들로

꽉꽉 채워 넣었습니다.

그리고 베이징, 상하이에 살면서 홍콩에 여행 다니면서 자주 다녔던 곳을

친구에게 가이드 해주는 맘으로 소개하려 했습니다.

저와 같이 여행 다니는 기분으로 이 책 한 권을 통.달.하고 난다면

중국인과 가벼운 의사소통 문제없을 거라고 장담합니다.

여러분, 준비되셨나요?

50개의 랜드마크를 쭉 돌고 오면 어느새 자신 있게 중국행 비행기 티켓을 사고 계실지도 모르겠네요. :)

그럼 이제 떠나볼까요?

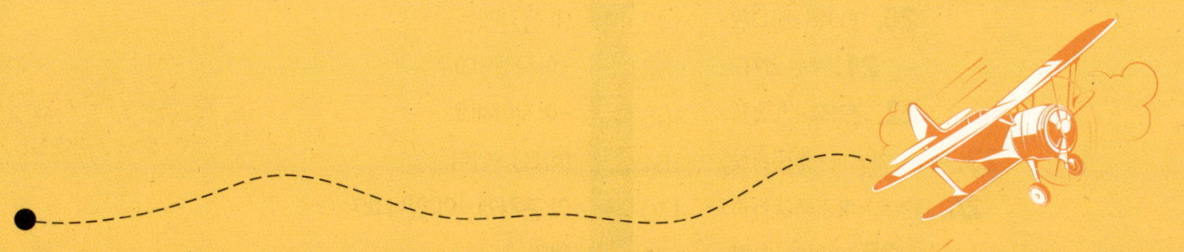

목차

학습 방법 | 랜드마크 중국어회화

여행 코스

어디부터 가는 게 좋을까?
베이징, 상하이, 홍콩의 랜드마크를 쏙!!
최단거리로 여행코스를 짜 보았습니다.

기내 표현

비행기 안에서 사용할 수 있는 대화를
패턴문장으로 구성해 보았습니다.
이때 사용 가능한 단어들도 정리하여
응용할 수 있도록 하였습니다.

랜드마크 위치 표시

베이징, 상하이, 홍콩 지도 위에 랜드마크들의
위치를 한눈에 보기 쉽게 만들었습니다.

랜드마크 정보와 유래

언어를 배울 때 그 언어를 쓰는 나라에 대해
알면 많은 도움이 됩니다.
각 랜드마크들의 역사와 문화, 배경을 담았습
니다.
이곳을 왜 가야 하는지 매력을 느껴보세요.

미리 만나보고 들어보고 말해 보아요

여행할 때 자주 쓰는 대표적인 표현들을 모았습니다.
이 표현들을 미리 본 후 원어민 음성으로도 만나보세요.
여기서 보너스! 학습할 주요 단어들도 정리해 두었습니다.
각 챕터에서 배울 문장을 미리 접해보는 시간을 가져보아요!

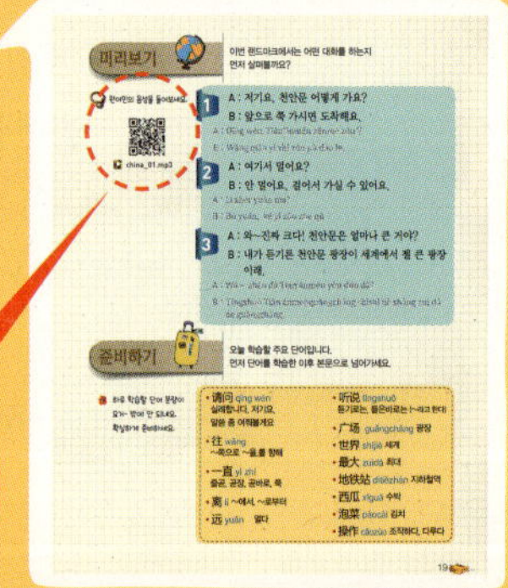

본문의 QR코드를 스마트폰으로 찍어보세요!
각 챕터에서 배울 문장과 패턴을
원어민 음성으로 들을 수 있어요.

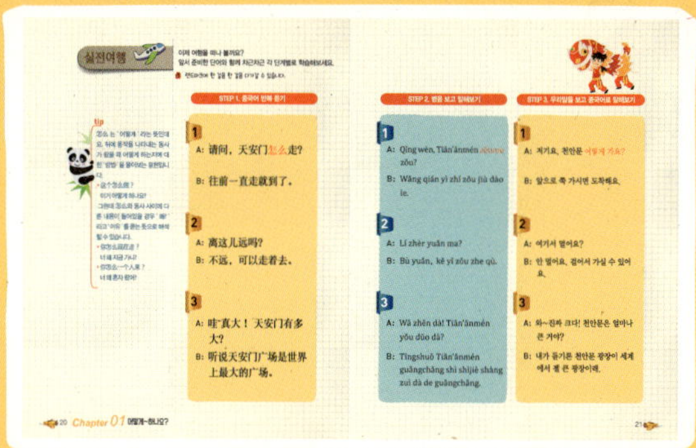

3단계 반복 시스템으로 실전 여행 고고!
미리 만나본 표현들을 제대로 배워볼까요?
중국어를 보며 말해보고~
병음을 보고 말해보고~
한국어를 보며 중국어로 말해보고~
적어도 세 번을 말할 수 있는 기회!
발음과 뜻을 반복해서 학습하다 보면 어렵지
않아요~
저자의 꿀팁도 가득 담겨 있으니,
겁내지 말고 follow me~~

기억하고 또 기억하기
대화문에서 자주 사용하게 되는 패턴을
모아~모았습니다.
자주 사용되는 패턴문장을 응용하여 표현을
확장해 보아요.
QR코드를 찍어 동영상에 나오는 패턴 예시문
을 보며 다양한 표현들을 만나보세요.

열심히 공부한 당신! 잠시 쉬어도 좋다!
중국에 대해 좀 더 알아보는 시간을 가져볼까요?
지명, 인사명, 음식명, 교통수단 등 다양한 고유명사와
20~30대가 쓰는 생생한 중국어 표현과 어록 등을 담았습니다.

MP3 다운로드 방법
www.pub365.co.kr 홈페이지 접속 ≫ 도서 자료실 ≫ 50패턴으로 여행하는 랜드마크 중국어 회화 클릭

QR코드로 미리보기 대화문을 듣고 기억하기(패턴)의 동영상 보는 방법
스마트폰에 QR코드 어플을 다운로드하신 후, 어플을 실행시키면 사진 촬영 화면이 나와요.
QR코드를 화면에 맞춘 후 찰칵~ 찍어보세요!

여행코스 | 랜드마크 중국어회화

베이징(北京) 여행코스

첫째 날 : 베이징중심부 위주로 돌기

둘째 날 : 베이징의 남부쪽에서 거슬러 올라오기

이화원　　베이징 올림픽 주 경기장　　798　　스마오톈제

만리장성　　명13릉

상하이(上海) 여행코스

예원　　구곡교　　예원상가거리　　난징동루

와이탄3호　　와이탄

둘째 날 : 쇼핑과 유적지를 한 번에 즐기기

신티엔띠

대한민국 임시정부 유적지

티엔즈팡

쓰난맨션

화이하이루

셋째 날 : 문화와 예술을 한 번에 즐기기

모간산루

인민광장

리지아차이

뷰바

SWFC

동방명주

상하이디즈니랜드

시탕

저우좡

한 군데만 가도 하루를 알차게 보낼 수 있는 여행지

홍콩(香港) 여행코스

첫째 날 : 홍콩 섬 북부 둘러보기

빅토리아피크

소호

센트럴

란콰이펑

둘째 날 : 구룡 반도 둘러보기

스타의거리

침사추이

하버시티

몽콕

셋째 날 : 쇼핑 거리 둘러보기

코즈웨이베이

샤샤

필요하신 게 있다면 당당히 요구하세요.

请给我一杯~?
Qǐng gěi wǒ yìbēi~?

~한 잔 주시겠어요?

마시고 싶은 것을 넣어주기만 하면 됩니다.

꼭 비행기가 아니더라고 나중에 차나 커피를 주문할 때 추가할 수 있겠죠?

水 shuǐ 물

咖啡 kāfēi 커피

红茶 hóngchá 홍차

绿茶 lǜchá 녹차

牛奶 niúnǎi 우유

果汁 guǒzhī 주스

啤酒 píjiǔ 맥주

雪碧 xuěbì 사이다

可乐 kělè 콜라

红酒 hóngjiǔ 적포도주

白葡萄酒 báipútáojiǔ 백포도주

热的。 Rè de. 뜨거운거요.

冷的。 Lěng de. 차거운거요.

-얼음 추가 해주세요. :

我要加冰。 Wǒ yào jiā bīng.

-얼음 빼 주세요. :

我不要加冰。 Wǒ bú yào jiā bīng.

橙汁 chéngzhī 오렌지주스
番茄汁 fānqiézhī 토마토주스
菠萝汁 bōluózhī 파인애플주스
苹果汁 píngguǒzhī 사과주스
西柚汁 xīyòuzhī 자몽 주스

보통 기내식을 먹을 때 밥이나 면 중에 선택을 할 수 있고, 밥이나 면에 함께 나오는 고기들을 선택할 수 있죠. 예를 들면 기내식이 소고기 밥과 닭고기 파스타 준비되어 있다고 한다면 우리는 고기+밥/면을 조합해서 대답 하면 되겠습니다.

-저 소고기밥으로 할게요. :
我要牛肉饭。 Wǒ yào niú ròu fàn.

鸡肉 jī ròu 닭고기
牛肉 niú ròu 소고기
猪肉 zhū ròu 돼지고기

鱼(肉) yú (ròu) 생선 (보통 생선을 뜻하는 말은 **鱼** 이긴 하지만 기내식에서는 생선살이라는 느낌이기 때문에 고기 '육'을 붙여서 사용합니다. 그래서 밥을 얘기할 땐 **鱼肉饭** 이라고 말해요.)
海鲜 hǎi xiān 해산물
饭 fàn 밥
面 miàn 면

我没有毯子，可以给我一条吗?
Wǒ méi yǒu tǎnzi, kěyǐ gěi wǒ yì tiáo ma?
담요가 없어요, 하나 좀 주실래요?

把椅子往前调一下，谢谢。
Bǎ yǐzi wǎng qián tiáo yíxià xièxie.
의자 좀 앞으로 올려주실 수 있나요, 감사합니다.

랜드마크 중국 여행
베이징(北京) 첫째날

04 북해공원
08 싼리툰
05 스차하이
03 경산공원
06 후통
02 고궁
07 왕푸징
01 천안문

천안문 〈天安门〉

오늘 배울 문장은? **어떻게∿하나요?**

자금성으로 들어가는 입구이자 중국의 중요한 정치 역사적 사건이 있던 곳이죠. 앞에는 천안문광장이 있는데 베이징 중심에 위치한 100만 명이 동시에 모일 수 있는 총면적 40만㎡인 세계 최대 광장이에요. 천안문 정면 입구에 마오쩌둥의 대형 초상화가 걸려있는 모습, 아마 자료 등을 통해 많이 보셨을 거에요. 양옆으로는 중화인민공화국 만세(中华人民共和国万岁), 세계 인민 대단결 만세(世界人民大团结万岁)라는 문구도 걸려있습니다.

이번 랜드마크에서는 어떤 대화를 하는지
먼저 살펴볼까요?

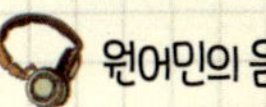 원어민의 음성을 들어보세요.

china_01.mp3

1

A : 저기요, 천안문 어떻게 가요?

B : 앞으로 쭉 가시면 도착해요.

A : Qǐngwèn, Tiān'ānmén zěnme zǒu?

B : Wǎng qián yìzhí zǒu jiù dào le.

2

A : 여기서 멀어요?

B : 안 멀어요, 걸어서 가실 수 있어요.

A : Lí zhèr yuǎn ma?

B : Bù yuǎn, kěyǐ zǒuzhe qù.

3

A : 와~진짜 크다! 천안문은 얼마나 큰 거야?

B : 내가 듣기론 천안문 광장이 세계에서 제일 큰 광장이래.

A : Wā~ zhēn dà Tiān'ānmén yǒu duō dà?

B : Tīng shuō Tiān'ānmén guǎngchǎng shì shìjiè shàng zuì dà de guǎngchǎng.

오늘 학습할 주요 단어입니다.
먼저 단어를 학습한 이후 본문으로 넘어가세요.

 하루 학습할 단어 분량이
요거~ 밖에 안 되네요.
확실하게 준비하세요.

- **请问** qǐngwèn
  실례합니다, 저기요,
  말씀 좀 여쭤볼게요

- **往** wǎng
  ~쪽으로 ~을,를 향해

- **一直** yìzhí
  줄곧, 곧장, 곧바로, 쭉

- **离** lí ~에서, ~로부터

- **远** yuǎn 멀다

- **听说** tīng shuō
  듣기로는, 들은바로는 (~라고 한다)

- **广场** guǎngchǎng 광장

- **世界** shìjiè 세계

- **最大** zuìdà 최대

- **地铁站** dìtiězhàn 지하철역

- **西瓜** xīguā 수박

- **泡菜** pàocài 김치

- **操作** cāozuò 조작하다, 다루다

실전여행

이제 여행을 떠나 볼까요?
앞서 준비한 단어와 함께 차근차근 각 단계별로 학습해보세요.

🌺 랜드마크에 한 걸음 한 걸음 다가갈 수 있습니다.

tip

怎么 는 '어떻게' 라는 뜻인데요. 뒤에 동작을 나타내는 동사가 왔을 때 어떻게 하는지에 대한 '방법'을 물어보는 표현입니다.

• 这个怎么做?
  이거 어떻게 하나요?

그런데 怎么와 동사 사이에 다른 내용이 들어있을 경우 '왜?' 라고 '이유'를 묻는 뜻으로 해석할 수 있습니다.

• 你怎么现在走?
  너 왜 지금 가니?

• 你怎么一个人来?
  너 왜 혼자 왔어?

1

A: 请问，天安门怎么走?

B: 往前一直走就到了。

2

A: 离这儿远吗?

B: 不远，可以走着去。

3

A: 哇~真大！天安门有多大?

B: 听说天安门广场是世界上最大的广场。

1

A: Qǐngwèn, Tiān'ānmén zěnme zǒu?

B: Wǎng qián yìzhí zǒu jiù dào le.

2

A: Lí zhèr yuǎn ma?

B: Bù yuǎn, kěyǐ zǒuzhe qù.

3

A: Wā~ zhēn dà! Tiān'ānmén yǒu duō dà?

B: Tīng shuō Tiān'ānmén guǎngchǎng shì shìjiè shàng zuì dà de guǎngchǎng.

1

A: 저기요, 천안문 어떻게 가요?

B: 앞으로 쭉 가시면 도착해요.

2

A: 여기서 멀어요?

B: 안 멀어요, 걸어서 가실 수 있어요.

3

A: 와~진짜 크다! 천안문은 얼마나 큰 거야?

B: 내가 듣기론 천안문 광장이 세계에서 제일 큰 광장이래.

랜드마크 여행의 추억을 오랫동안 기억하기 위해
여행 중에 인상 깊었던 내용을 반복합니다.

 아래의 QR코드로 영상을 보며
큰소리로 따라 말해보세요.

怎么~?

- 地铁站怎么去?

- 这个菜怎么吃?

- 西瓜怎么卖?

- 泡菜怎么做?

- 这个怎么操作?

zěnme~?

어떻게~하나요?

- Dìtiězhàn **zěnme** qù?

- Zhè ge cài **zěnme** chī?

- Xīguā **zěnme** mài?

- Pàocài **zěnme** zuò?

- Zhè ge **zěnme** cāozuò?

- 지하철역 어떻게 가나요?

- 이 음식은 어떻게 먹나요?

- 수박 어떻게 팔아요?

- 김치는 어떻게 만드나요?

- 이건 어떻게 작동하나요?

고궁 (자금성) 〈故宮 (紫禁城)〉

오늘 배울 문장은? ~해본 적 있나요?

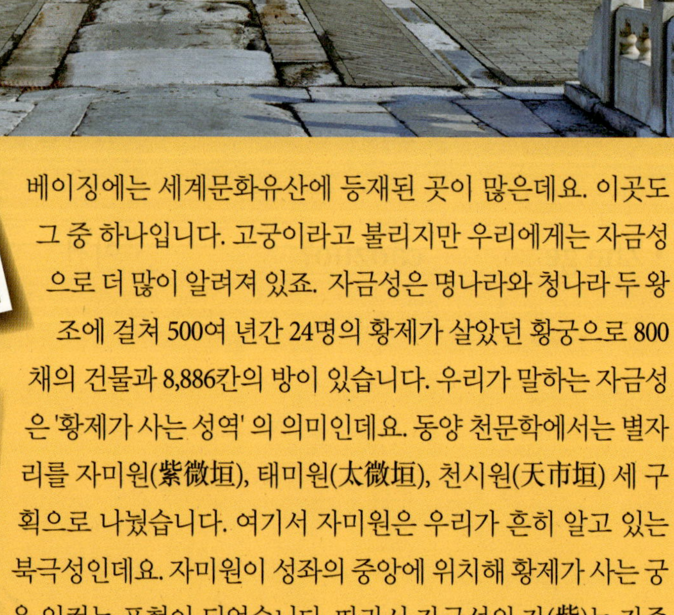

베이징에는 세계문화유산에 등재된 곳이 많은데요. 이곳도 그 중 하나입니다. 고궁이라고 불리지만 우리에게는 자금성으로 더 많이 알려져 있죠. 자금성은 명나라와 청나라 두 왕조에 걸쳐 500여 년간 24명의 황제가 살았던 황궁으로 800채의 건물과 8,886칸의 방이 있습니다. 우리가 말하는 자금성은 '황제가 사는 성역' 의 의미인데요. 동양 천문학에서는 별자리를 자미원(紫微垣), 태미원(太微垣), 천시원(天市垣) 세 구획으로 나눴습니다. 여기서 자미원은 우리가 흔히 알고 있는 북극성인데요. 자미원이 성좌의 중앙에 위치해 황제가 사는 궁을 일컫는 표현이 되었습니다. 따라서 자금성의 자(紫)는 자줏빛을 뜻하는것이 아니라 황궁을 의미 하는 것입니다. 금(禁)은 금하다는 뜻으로 황제의 허가 없이는 아무도 드나들지 못하는 궁을 의미합니다.

이번 랜드마크에서는 어떤 대화를 하는지
먼저 살펴볼까요?

원어민의 음성을 들어보세요.

china_02.mp3

1

A : 너 고궁 가봤어?

B : 안 가봤어, 너는?

A : Nǐ qùguo Gùgōng ma?

B : Wǒ méi qùguo, nǐ ne?

2

A : 나 내일가.

B : 부럽다! 고궁 엄청 크대.

A : Wǒ míngtiān jiù qù.

B : Hǎo xiànmù! tīng shuō Gùgōng fēicháng dà.

3

A : 고궁 가는 지하철이 몇 호선이지?

B : 1호선 지하철 타야 할 거야, 천안문 동역에
서 내리면 돼.

A : Qù Gùgōng zuò dìtiě jǐ hào xiàn?

B : Yīnggāi zuò dìtiě yī hào xiàn, zài Tiān'ānmén dōngzhàn
xià chē.

오늘 학습할 주요 단어입니다.
먼저 단어를 학습한 이후 본문으로 넘어가세요.

하루 학습할 단어 분량이
요거~ 밖에 안 되네요.
확실하게 준비하세요.

- 羡慕 xiànmù 부러워하다
- 非常 fēicháng
  대단히, 매우, 심히
- 日语 rìyǔ 일본어
- 京剧 jīngjù 경극
- 白酒 báijiǔ
  고량주, 배갈, 바이주

이제 여행을 떠나 볼까요?
앞서 준비한 단어와 함께 차근차근 각 단계별로 학습해보세요.
 랜드마크에 한 걸음 한 걸음 다가갈 수 있습니다.

STEP 1. 중국어 반복 듣기

tip

무언가를 해본 적이 있냐고 말할 때는 동사 뒤에 过를 넣습니다. 过는 과거의 경험을 나타내며 '~한 적이 있다, ~해 봤다'로 해석이 됩니다.
부정형은 没, 还没 '아직~한 적이 없다'를 사용해서 표현합니다.

• 긍정형 : 我去过北京.
  나는 북경을 가본 적이 있습니다.
• 부정형 : 我没去过北京.
  나는 북경을 가본 적이 없습니다.
• 의문형 : 你去过北京吗?
  너는 북경을 가본 적이 있니?

1

A: 你去过故宫吗?

B: 我没去过，你呢?

2

A: 我明天就去。

B: 好羡慕！听说故宫非常大。

3

A: 去故宫坐地铁几号线?

B: 应该坐地铁1号线，在天安门东站下车。

<table>
<tr><td>

1

A: Nǐ qùguo Gùgōng ma?

B: Wǒ méi qùguo, nǐ ne?

2

A: Wǒ míngtiān jiù qù.

B: Hǎo xiànmù! tīng shuō Gùgōng fēicháng dà.

3

A: Qù Gùgōng zuò dìtiě jǐ hào xiàn?

B: Yīnggāi zuò dìtiě yī hào xiàn, zài Tiān'ānmén dōngzhàn xià chē.

</td><td>

1

A: 너 고궁 가봤어?

B: 안 가봤어, 너는?

2

A: 나 내일 가.

B: 부럽다! 고궁 엄청 크대.

3

A: 고궁 가는 지하철이 몇 호선이지?

B: 1호선 지하철 타야 할 거야, 천안문동 역에서 내리면 돼.

</td></tr>
</table>

기억하기

랜드마크 여행의 추억을 오랫동안 기억하기 위해 여행 중에 인상 깊었던 내용을 반복합니다.

 아래의 QR코드로 영상을 보며 큰소리로 따라 말해보세요.

你 V +过~吗?

- 你去过北京吗?

- 你吃过中国菜吗?

- 你学过日语吗?

- 你看过京剧吗?

- 你喝过白酒吗?

Nǐ V + guo ~ma?

~ 해본 적 있나요?

- Nǐ qùguo Běijīng ma?

- Nǐ chīguo Zhōngguócài ma?

- Nǐ xuéguo Rìyǔ ma?

- Nǐ kànguo jīngjù ma?

- Nǐ hēguo báijiǔ ma?

- 베이징 가본 적 있나요?

- 중국음식 먹어본 적 있나요?

- 일본어 배워본 적 있나요?

- 경극 본 적 있나요?

- 고량주 마셔본 적 있나요?

경산공원 〈景山公园〉

오늘 배울 문장은? 너무~해요.

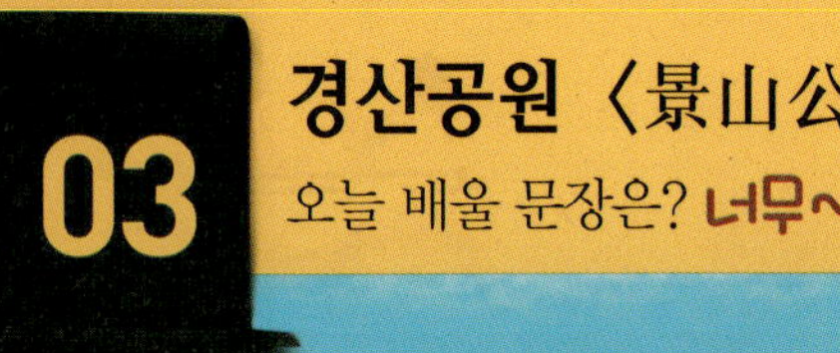

자금성의 북문을 나오면 바로 연결되는 공원입니다. 날씨가 좋은 날은 베이징 시내는 물론 자금성을 한눈에 내려다 볼 수 있어서 여행객들이 자금성 관람 후 이 곳에 많이 들리곤 해요. 경산은 인공으로 쌓은 산이예요. 높이는 약 43m 정도 된다고 합니다. 북해 호수에서 파낸 흙으로 기초를 다졌다고 하네요. 하지만 이곳은 비운의 장소로 불리기도 해요. 명나라 마지막 황제인 숭정제가 이 곳에서 목을 매고 자살을 한 곳이기도 합니다.

이번 랜드마크에서는 어떤 대화를 하는지
먼저 살펴볼까요?

원어민의 음성을 들어보세요.

china_03.mp3

1
A : 와, 오늘 날씨 진짜 좋다.
B : 그니까, 고궁 전경을 볼 수 있어.
A : Wā, jīntiān tiānqì hěn hǎo.
B : Shì de, kěyǐ kàn dào Gùgōng de quánjǐng.

2
A : 나 전에 왔을 때, 스모그 너무 심해서 아무것도
　　안보였거든.
B : 하하, 오늘은 운이 좋네!
A : Wǒ shàngcì lái deshíhou, wùmái hěn yánzhòng shénme
　　dōu kànbudào.
B : Hāhā, jīntiān yùnqi hǎo!

3
A : 경산공원 가본 적 있어?
B : 가봤어, 경치가 너무 예쁘더라.
A : Nǐ qùguo jǐngshān gōngyuán ma?
B : Qùguo. jǐngsè tài měi le.

오늘 학습할 주요 단어입니다.
먼저 단어를 학습한 이후 본문으로 넘어가세요.

하루 학습할 단어 분량이
요거~ 밖에 안 되네요.
확실하게 준비하세요.

- **天气** tiānqì 날씨
- **全景** quánjǐng
　전경, 전체 경치
- **雾霾** wùmái
　초미세먼지, 스모그
- **运气** yùnqi
　운, 운수, 행운이다, 운이 좋다
- **艳** yàn 화려하다, 선명하다

이제 여행을 떠나 볼까요?
앞서 준비한 단어와 함께 차근차근 각 단계별로 학습해보세요.
랜드마크에 한 걸음 한 걸음 다가갈 수 있습니다.

tip

太~了 에서 부사 太 는 '너무, 아주, 매우' 라는 뜻으로 太+형+了 의문형으로 사용합니다.
긍정적인 상황 부정적인 상황에 다 사용할 수 있어요.

- 太高兴了。 너무 기뻐요.
- 太贵了。 너무 비싸요.

보통 부정적인 내용이 담길 때는 了를 생략해서 사용할 수도 있습니다.

- 太丑。 너무 구려.

1

A: 哇，今天天气很好。

B: 是的，可以看到故宫的全景。

2

A: 我上次来的时候，雾霾很严重什么都看不到。

B: 哈哈，今天运气好！

3

A: 你去过景山公园吗?

B: 去过. 景色太美了。

STEP 2. 병음 보고 말해보기	STEP 3. 우리말을 보고 중국어로 말해보기

1

A: Wā, jīntiān tiānqì hěn hǎo.

B: Shì de, kěyǐ kàn dào Gùgōng de quánjǐng.

2

A: Wǒ shàngcì lái deshíhou, wùmái hěn yánzhòng shénme dōu kànbudào.

B: Hāhā, jīntiān yùnqi hǎo!

3

A: Nǐ qùguo jǐngshān gōngyuán ma?

B: Qùguo. jǐngsè tài měi le.

1

A: 와, 오늘 날씨 진짜 좋다.

B: 그니까, 고궁 전경을 볼 수 있어.

2

A: 나 전에 왔을 때, 스모그 너무 심해서 아무것도 안보였거든.

B: 하하, 오늘은 운이 좋네!

3

A: 경산공원 가본 적 있어?

B: 가봤어, 경치가 너무 예쁘더라.

랜드마크 여행의 추억을 오랫동안 기억하기 위해
여행 중에 인상 깊었던 내용을 반복합니다.

 아래의 QR코드로 영상을 보며
큰소리로 따라 말해보세요.

太~了。

- 太冷了。

- 太热了。

- 太多了。

- 太大了。

- 太艳了。

Tài ~ le.

너무~해요.

- Tài lěng le.

- Tài rè le.

- Tài duō le.

- Tài dà le.

- Tài yàn le.

- 너무 추워요.

- 너무 더워요.

- 너무 많아요.

- 너무 커요.

- 너무 화려해요.

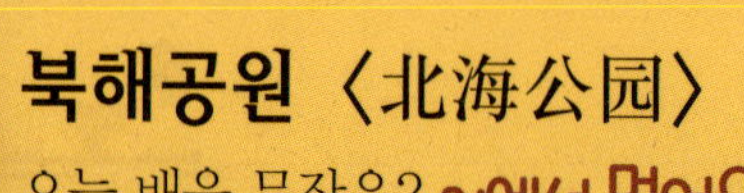

북해공원 〈北海公园〉

오늘 배울 문장은? ~에서 멀어요?

900년의 역사를 가진 황실 정원이에요. 자금성 북쪽에 위치하고요. 자금성에서 멀지 않아서 자금성을 보고 이쪽으로 넘어오기도 한답니다. 1925년 공원으로 개원하였습니다. 가장 유명한 건축물은 서문 바로 앞에 있는 白塔바이타(백탑)예요. 티베트 양식의 독특한 외관으로 멀리서도 눈에 띕니다. 베이징 시민들이 자주 찾는 공원이에요. 봄부터 초가을까지는 연꽃이 가득해서 연꽃 보고 싶으신 분들은 이때 추천드려요.

미리보기

이번 랜드마크에서는 어떤 대화를 하는지
먼저 살펴볼까요?

원어민의 음성을 들어보세요.

china_04.mp3

1
A : 북해공원은 커?
B : 안이 엄청 크지.

A : Běihǎi gōngyuán dàbudà?
B : Lǐmiàn tǐng dà de.

2
A : 한 바퀴 도는데 대략 얼마 정도 걸릴까?
B : 한 2-3시간은 걸릴걸.

A : Zhuàn yì quān dàgài yào duōjiǔ?
B : Dàgài yào liǎng sān ge xiǎoshí.

3
A : 북해공원은 여기서 먼가요?
B : 안 멀어요, 서쪽으로 5분 정도 가시면 도착해요.

A : Běihǎi gōngyuán lí zhèr yuǎn ma?
B : Bù yuǎn,wǎng xī zǒu dàgài wǔ fēnzhōng jiù dào le.

준비하기

오늘 학습할 주요 단어입니다.
먼저 단어를 학습한 이후 본문으로 넘어가세요.

하루 학습할 단어 분량이
요거~ 밖에 안 되네요.
확실하게 준비하세요.

- 转 zhuàn
돌다, 회전하다,
한가하게 돌아다니다

- 一圈 yì quān 한 바퀴

- 宿舍 sùshè 숙사, 기숙사

- 出口 chūkǒu 출구

- 洗手间 xǐshǒujiān 화장실

실전여행

이제 여행을 떠나 볼까요?
앞서 준비한 단어와 함께 차근차근 각 단계별로 학습해보세요.

❀ 랜드마크에 한 걸음 한 걸음 다가갈 수 있습니다.

STEP 1. 중국어 반복 듣기

1

A: 北海公园大不大?

B: 里面挺大的。

2

A: 转一圈大概要多久?

B: 大概要2-3个小时。

3

A: 北海公园离这儿远吗?

B: 不远,往西走大概5分钟就到了。

1

A: Běihǎi gōngyuán dàbudà?

B: Lǐmiàn tǐng dà de.

2

A: Zhuàn yì quān dàgài yào duōjiǔ?

B: Dàgài yào liǎng sān ge xiǎoshí.

3

A: Běihǎi gōngyuán lí zhèr yuǎn ma?

B: Bù yuǎn, wǎng xī zǒu dàgài wǔ fēnzhōng jiù dào le.

1

A: 북해공원은 커?

B: 안이 엄청 크지.

2

A: 한 바퀴 도는데 대략 얼마 정도 걸릴까?

B: 한 2-3시간은 걸릴걸.

3

A: 북해공원은 여기서 먼가요?

B: 안 멀어요, 서쪽으로 5분 정도 가시면 도착해요.

랜드마크 여행의 추억을 오랫동안 기억하기 위해 여행 중에 인상 깊었던 내용을 반복합니다.

아래의 QR코드로 영상을 보며 큰소리로 따라 말해보세요.

STEP 1. 중국어 반복 듣기

~离这儿远吗?

- 地铁站离这儿远吗?

- 机场离这儿远吗?

- 宿舍离这儿远吗?

- 出口离这儿远吗?

- 洗手间离这儿远吗?

lí zhèr yuǎn ma?

~에서 멀어요?

- Dìtiězhàn lí zhèr yuǎn ma?
- Jīchǎng lí zhèr yuǎn ma?
- Sùshè lí zhèr yuǎn ma?
- Chūkǒu lí zhèr yuǎn ma?
- Xǐshǒujiān lí zhèr yuǎn ma?

- 지하철역은 여기서 멀어요?
- 공항은 여기서 멀어요?
- 기숙사는 여기서 멀어요?
- 출구는 여기서 멀어요?
- 화장실은 여기서 멀어요?

05

십찰해 (스챠하이) 〈什刹海〉

오늘 배울 문장은? ~어때요?

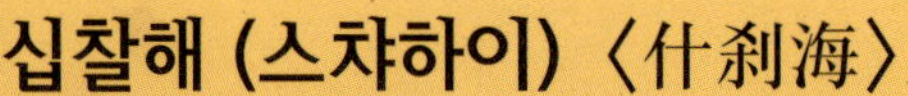

여기서 什은 열, 10, 刹는 몽고어로 사찰, 海 호수를 뜻합니다. 그러니 바다가 아니라 호수와 주변에 사찰이 있던 곳이라는 걸 짐작할 수 있는데요. 그 연안에 10개의 사찰이 있는 호수여서 십찰해라고 불린다고 해요. 什刹海 는 前海 치엔하이/后海 호우하이/西海 시하이로 나눠져 있고 이걸 합쳐서 后三海 라 합니다. 荷花市场 이라고 되어 있는 곳부터 前海의 시작인데요. 오른쪽엔 호수가 있고 왼쪽으로는 쭉 레스토랑이며 카페 등이 있고 동서양의 문화가 섞인 느낌을 주는 특색 있는 곳이에요. 낮에는 근처에서 인력거 투어도 할 수 있어요. 한국의 여러 예능 프로그램에도 등장해서 익숙한 장면들도 눈에 띌 거에요. 베이징의 대표적인 데이트 장소라고 할 수 있겠네요.

 **미리보기**

이번 랜드마크에서는 어떤 대화를 하는지
먼저 살펴볼까요?

 원어민의 음성을 들어보세요.

china_05.mp3

1
A : 스챠하이에 완전 느낌 있는 커피숍 많다.
B : 이 가게 인테리어 스타일 엄청 독특하다.

A : Shíchàhǎi yǒu hěn duō kāfēitīng tèbié yǒu gǎnjué.
B : Zhè yì jiā de zhuāngxiū fēnggé hěn dútè.

2
A : 나 여기 좋아. 우리 여기 가자.
B : 그래, 우리 밖에 앉자.

A : Wǒ hěn xǐhuan zhè li. wǒmen jiù qù zhè jiā ba.
B : Hǎo de, wǒmen zuò zài wàimiàn ba.

3
A : 나 베이징 야경 보러 가고 싶어.
B : 스챠하이 가는 거 어때?

A : Wǒ xiǎng qù kàn Běijīng de yèjǐng.
B : Qù Shíchàhǎi, zěnmeyàng?

 **준비하기**

오늘 학습할 주요 단어입니다.
먼저 단어를 학습한 이후 본문으로 넘어가세요.

하루 학습할 단어 분량이
요거~ 밖에 안 되네요.
확실하게 준비하세요.

- 装修 zhuāngxiū
  인테리어, (가옥을) 장식하고 꾸미다, 설치하고 수리하다
- 风格 fēnggé 스타일, 기질
- 独特 dútè
  독특하다, 특이하다
- 外面 wàimian 바깥, 밖

- 夜景 yèjǐng 야경
- 味道 wèidao 맛
- 韩语 Hányǔ 한국어

이제 여행을 떠나 볼까요?
앞서 준비한 단어와 함께 차근차근 각 단계별로 학습해보세요.
랜드마크에 한 걸음 한 걸음 다가갈 수 있습니다.

STEP 1. 중국어 반복 듣기

tip

'~怎么样?' '어떠니? 어때? 어떠하니?' 문장 끝에서 상황이 어떤지를 묻는 표현입니다.
• 今天天气怎么样?
오늘 날씨 어떠니?
혹은 어떤 제안을 한 후에 상대방의 의견 물어볼 때도 사용합니다.
• 明天一起去看电影，怎么样?
내일 영화 같이 보러 가는 거, 어때?

1

A: 什刹海有很多咖啡厅特别有感觉。

B: 这一家的装修风格很独特。

2

A: 我很喜欢这里，我们就去这家吧。

B: 好的，我们坐在外面吧。

3

A: 我想去看北京的夜景。

B: 去什刹海，怎么样?

<table>
<tr><td>

1

A: Shíchàhǎi yǒu hěn duō kāfēitīng tèbié yǒu gǎnjué.

B: Zhè yì jiā de zhuāngxiū fēnggé hěn dútè.

2

A: Wǒ hěn xǐhuan zhè li, wǒmen jiù qù zhè jiā ba.

B: Hǎo de, wǒmen zuò zài wàimiàn ba.

3

A: Wǒ xiǎng qù kàn Běijīng de yèjǐng.

B: Qù Shíchàhǎi, zěnmeyàng?

</td><td>

1

A: 스챠하이에 완전 느낌 있는 커피숍 많다.

B: 이 가게 인테리어 스타일 엄청 독특하다.

2

A: 나 여기 좋아. 우리 여기 가자.

B: 그래, 우리 밖에 앉자.

3

A: 나 베이징 야경 보러 가고 싶어.

B: 스챠하이 가는 거 어때?

</td></tr>
</table>

랜드마크 여행의 추억을 오랫동안 기억하기 위해
여행 중에 인상 깊었던 내용을 반복합니다.

STEP 1. 중국어 반복 듣기

아래의 QR코드로 영상을 보며
큰소리로 따라 말해보세요.

~怎么样?

· 味道**怎么样?**

· 北京天气**怎么样?**

· 你觉得**怎么样?**

· 吃中国菜**怎么样?**

· 学韩语**怎么样?**

zĕnmeyàng?

~어때요?

- Wèidào zĕnmeyàng?

- Bĕijīng tiānqì zĕnmeyàng?

- Nĭ juéde zĕnmeyàng?

- Chī Zhōngguócài zĕnmeyàng?

- Xué Hányŭ zĕnmeyàng?

- 맛이 어때요?

- 베이징 날씨 어때요?

- 당신이 생각하기에 어때요?

- 중국음식 먹는 거 어때요?

- 한국어 배우는 거 어때요?

06

후통 (베이징 골목) 〈胡同〉

오늘 배울 문장은? **만약 ~라면**

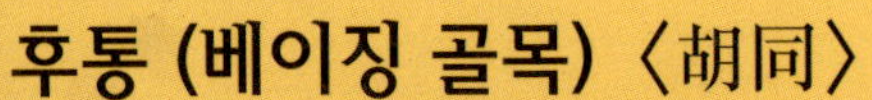

베이징에 원나라 때의 유산이 남아있는 것 중 대표적인 것이 바로 후통입니다. 몽고어로는 우물이라는 뜻이고요. 과거 베이징 사람들이 우물을 기점으로 복잡하게 이어져서 살았기 때문에 그 후 후통은 '사람들이 모여사는 곳' 이라는 의미가 되었습니다. 이제는 베이징 토박이들의 삶의 터전으로 단층집들이 밀집해 있는 골목을 뜻합니다. 도심 속의 시골이라는 이름이 붙여지면서 2008년 올림픽 때 많은 후통들이 철거가 됐었는데요. 그래도 요즘 들어 문화 보호라는 각성이 들어 다시 전통가옥을 보수하고 후통을 보호하고 있다고 하네요. 베이징 서민들의 숨결을 느낄 수 있는 곳을 찾는다면 후통을 꼭 가보세요.

미리보기

이번 랜드마크에서는 어떤 대화를 하는지
먼저 살펴볼까요?

 원어민의 음성을 들어보세요.

china_06.mp3

1

A : 베이징에서 후통 보고 싶으면 어디로 가는 게 좋을까?

B : 네가 어떤 스타일의 후통을 좋아하는지 몰라서…

A : Zài Běijīng xiǎng kàn hútòng qù nǎr hǎo ne?

B : Bù zhīdào nǐ xǐhuan shénmeyàng de hútòng.

2

A : 사람들은 보통 어디로 가는데?

B : 만약 네가 북적거리는 거 좋아하면, 스챠하이 근처 가봐.

A : Dàjiā yìbān dōu qù nǎr?

B : Rúguǒ nǐ xǐhuan rènao dehuà jiù qù shíchàhǎi yídài.

3

A : 한국에서 친구가 왔는데, 베이징 특색 있는 식당 가고 싶어.

B : 그럼 사합원의 식당 가봐.

A : Yǒu Hánguó péngyou lái, xiǎng qù yǒu Běijīng tèsè de cāntīng.

B : Nà nǐ qù sìhéyuàn de cāntīng ba.

준비하기

오늘 학습할 주요 단어입니다.
먼저 단어를 학습한 이후 본문으로 넘어가세요.

🌺 하루 학습할 단어 분량이
요거~ 밖에 안 되네요.
확실하게 준비하세요.

- **什么样** shénmeyàng
  어떠한, 어떤 모양

- **热闹** rènao
  (분위기, 배경) 번화하다, 떠들썩
  하다, 시끌벅적하다, 북적거리다

- **一带** yídài 일대, 부근, 근처

- **特色** tèsè 특색, 특징

이제 여행을 떠나 볼까요?
앞서 준비한 단어와 함께 차근차근 각 단계별로 학습해보세요.

랜드마크에 한 걸음 한 걸음 다가갈 수 있습니다.

STEP 1. 중국어 반복 듣기

tip

'만일 ~한다면' 이라는 가정이나 가설의 뜻입니다. 보통 뒤에 就 와 함께 쓰입니다.

如果~, 就 와 비슷한 표현으로는 ' 要是/要~, 就', '假如~就' 등이 있습니다.

뒤에 나오는 就 는 생략 가능하기도 하고요. 的话는 단독으로 가정의 의미로 쓸 수 있습니다.

- 如果你没有时间，就别来了。
- 要是你没有时间，就别来了。
- 你没有时间的话，就别来了。

: 만약 시간이 없으면, 오지 말아요.

1

A: 在北京想看胡同去哪儿好呢?

B: 不知道你喜欢什么样的胡同…

2

A: 大家一般都去哪儿?

B: 如果你喜欢热闹的话就去什刹海一带。

3

A: 有韩国朋友来，想去有北京特色的餐厅。

B: 那你去四合院的餐厅吧。

1

A: Zài Běijīng xiǎng kàn hútòng qù nǎr hǎo ne?

B: Bù zhīdào nǐ xǐhuan shénmeyàng de hútòng...

2

A: Dàjiā yìbān dōu qù nǎr?

B: Rúguǒ nǐ xǐhuan rènao dehuà, jiù qù shíchàhǎi yídài.

3

A: Yǒu Hánguó péngyou lái, xiǎng qù yǒu Běijīng tèsè de cāntīng.

B: Nà nǐ qù sìhéyuàn de cāntīng ba.

1

A: 베이징에서 후통 보고 싶으면 어디로 가는 게 좋을까?

B: 네가 어떤 스타일의 후통을 좋아하는지 몰라서…

2

A: 사람들은 보통 어디로 가는데?

B: 만약 네가 북적거리는 거 좋아하면, 스챠하이 근처 가봐.

3

A: 한국에서 친구가 왔는데, 베이징 특색 있는 식당 가고 싶어.

B: 그럼 사합원의 식당 가봐.

랜드마크 여행의 추억을 오랫동안 기억하기 위해
여행 중에 인상 깊었던 내용을 반복합니다.

아래의 QR코드로 영상을 보며
큰소리로 따라 말해보세요.

如果~的话,

- 如果是我的话,

- 如果有时间的话,

- 如果你喜欢的话,

- 如果你打车去的话,

- 如果明天不行的话,

<table>
<tr><td></td><td></td></tr>
</table>

Rúguǒ~dehuà,	**만약 ~라면,**
• Rúguǒ shì wǒ dehuà,	• 만약 나라면,
• Rúguǒ yǒu shíjiān dehuà,	• 만약 시간이 있다면,
• Rúguǒ nǐ xǐhuan dehuà,	• 만약 네가 좋아한다면,
• Rúguǒ nǐ dǎ chē qù dehuà,	• 만약 택시로 간다면,
• Rúguǒ nǐ míngtiān bù xíng dehuà,	• 만약 내일 안 된다면,

07

왕푸징 거리 〈王府井〉

오늘 배울 문장은? ~아니면~

왕푸징은 王府왕부, 봉건시대 왕족의 저택이란 뜻이고 井은 우물이라는 뜻으로 왕족, 황족이 모여서 살았던 곳에 우물이 있어서 붙여진 이름입니다. 실제로 이곳에 가면 그 우물이 있던 장소에 맨홀형의 기념비가 있어요. 지금은 한국의 명동과 결연을 맺었다는 베이징 최대의 쇼핑가예요. 王府井小吃街 일명 꼬치거리로 유명한 이곳에 가시면 이것저것 중국의 길거리 음식을 많이 만나보실 수 있습니다. 쇼핑의 메카로 불리는 왕푸징에는 여러 대형 백화점과 서점, 호텔 등이 많이 있습니다.

이번 랜드마크에서는 어떤 대화를 하는지
먼저 살펴볼까요?

원어민의 음성을 들어보세요.

china_07.mp3

1

A : 이 거리가 왕푸징이구나! 사람이 뭐 이리 많아.

B : 우리 밥부터 먹을까 아니면 쇼핑 먼저 할까?

A : Zhè tiáo jiē jiù shì wángfǔjǐng a! Rén zěnme zhème duō ya.

B : Wǒmen xiān chī fàn háishi xiān guàngjiē?

2

A : 우리 먼저 뭐 좀 먹자.

B : 그래.

A : Wǒmen xiān chī diǎn dōngxi ba.

B : Hǎo de.

3

A : 왕푸징 스낵 거리에 맛있는 거 뭐 있어?

B : 각종 꼬치들, 한번 먹어봐.

A : Wángfǔjǐng xiǎochī jiē yǒu shénme hǎochī de?

B : Gèzhǒng chuànr, nǐ kěyǐ chángchang.

오늘 학습할 주요 단어입니다.
먼저 단어를 학습한 이후 본문으로 넘어가세요.

하루 학습할 단어 분량이
요거~ 밖에 안 되네요.
확실하게 준비하세요.

- 好吃 hǎochī 맛있다
- 各种 gèzhǒng 각종, 갖가지의
- 串儿 chuànr 꼬치
- 尝 cháng 맛보다, 시험 삼아 먹어보다
- 付 fù 돈을 지불하다
- 现金 xiànjīn 현금
- 刷卡 shuā kǎ 카드를 긁다, 카드로 결제하다
- 国际机场 guójì jīchǎng 국제공항
- 国内机场 guónèi jīchǎng 국내공항

이제 여행을 떠나 볼까요?
앞서 준비한 단어와 함께 차근차근 각 단계별로 학습해보세요.
랜드마크에 한 걸음 한 걸음 다가갈 수 있습니다.

STEP 1. 중국어 반복 듣기

tip

还是은 여러 가지 뜻이 있는데요.

• 여전히, 아직도, 변함없이

• ~하는 편이 좋겠다 (비교, 고려한 후에 결정)

我们还是回家休息吧。
우리 아무래도 집에 가서 쉬는 게 좋겠어.

• 아니면, 또는 (선택 의문문)
본문에서는 선택 의문문으로 사용이 되었습니다.
두 가지 가능한 대답을 제시하고 상대방에게 그중 하나를 선택해 답하도록 하는 문장이에요.

- 你喜欢喝咖啡还是喝茶?
커피 마시는 거 좋아하세요 아니면 차 마시는 거 좋아하세요?

- 你去还是他去?
네가 가 아니면 그가 가?

1

A: 这条街就是王府井啊！人怎么这么多呀。

B: 我们先吃饭还是先逛街?

2

A: 我们先吃点东西吧。

B: 好的。

3

A: 王府井小吃街有什么好吃的?

B: 各种串儿，你可以尝尝。

| | |

1

A: Zhè tiáo jiē jiù shì wángfǔjǐng a! Rén zěnme zhème duō ya.

B: Wǒmen xiān chī fàn háishi xiān guàngjiē?

1

A: 이 거리가 왕푸징이구나! 사람이 뭐 이리 많아.

B: 우리 밥부터 먹을까 아니면 쇼핑 먼저 할까?

2

A: Wǒmen xiān chī diǎn dōngxi ba.

B: Hǎo de.

2

A: 우리 먼저 뭐 좀 먹자.

B: 그래.

3

A: Wángfǔjǐng xiǎochī jiē yǒu shénme hǎochī de?

B: Gèzhǒng chuànr, nǐ kěyǐ chángchang.

3

A: 왕푸징 스낵 거리에 맛있는 거 뭐 있어?

B: 각종 꼬치들, 한번 먹어봐.

랜드마크 여행의 추억을 오랫동안 기억하기 위해
여행 중에 인상 깊었던 내용을 반복합니다.

아래의 QR코드로 영상을 보며
큰소리로 따라 말해보세요.

~还是~

- 去还是不去?

- 这个还是那个?

- 咖啡还是绿茶?

- 付现金还是刷卡?

- 去国际机场还是国内机场?

~háishi~

~아니면~

- Qù háishi bú qù?

- Zhè ge háishi nà ge?

- Kāfēi háishi lǜchá?

- Fù xiànjīn háishi shuākǎ?

- Qù guójì jīchǎng háishi guónèi jīchǎng?

- 가요 (아니면) 안 가요?

- 이거요 아니면 저거요?

- 커피 하실래요 아니면 녹차?

- 현금으로 지불하세요 아니면 카드로 하시나요?

- 국제공항으로 가세요 아니면 국내공항으로 가세요?

08 싼리툰 〈三里屯〉

오늘 배울 문장은? ~되나요?

일명 베이징의 이태원이라고 불리는 곳입니다. 이국적인 노천카페, 바가 이어지는 곳으로 밤을 즐기기 좋은 곳을 물으면 아마 대다수의 사람들이 이곳을 얘기할 만큼 베이징의 바 스트리트의 원조격입니다. 처음 각국 대사관들이 이 주변에 밀집되어 있어서 외국인들이 놀고 즐길 수 있는 공간도 이곳을 중심으로 발달됐습니다. 지금은 트렌디한 상점들도 많아서 쇼핑과 문화의 거리로도 각광받고 있어요. 골목골목 예쁜 레스토랑이나 바가 많으니 편하게 둘러보시는 것도 좋아요.

미리보기

이번 랜드마크에서는 어떤 대화를 하는지
먼저 살펴볼까요?

 원어민의 음성을 들어보세요.

china_08.mp3

1

A : 라운지 바 가는데 이렇게 입어도 돼?

B : 별 문제없을 거 같은데.

A : Qù jiǔbā kěyǐ zhè yàng chuān ma?

B : Gūjì méi wèntí.

2

A : 슬리퍼 신는 거 별로지 않을까?

B : 괜찮아, 아무도 널 신경 쓰지 않아.

A : Chuān tuōxié bú tài hǎo ba?

B : Méi shì, méi rén guǎn nǐ.

3

A : 영어로 된 메뉴 좀 주실 수 있나요?

B : 네, 잠시만 기다리세요.

A : Nǐ kěyǐ gěi wǒ yí fèn yīngwén càidān ma?

B : Hǎo de, qǐng shāo děng.

준비하기

오늘 학습할 주요 단어입니다.
먼저 단어를 학습한 이후 본문으로 넘어가세요.

 하루 학습할 단어 분량이
요거~ 밖에 안 되네요.
확실하게 준비하세요.

- 酒吧 jiǔbā 술집, BAR
- 穿 chuān
  (옷 · 신발 · 양말 등을) 입다, 신다
- 拖鞋 tuōxié 슬리퍼
- 估计 gūjì
  추측하다, 어림잡다, 헤아리다, 짐작하다
- 没问题 méi wèntí 문제없다
- 管 guǎn 관여하다, 참견하다

- 份 fèn
  (신문 · 잡지 · 문건 등을 세는 단위) 부, 통, 권
- 菜单 càidān 메뉴, 차림표
- 打包 dǎ bāo
  포장하다, (음식점에서) 먹고 남은 음식을 싸가다
- 拍照 pāizhào 사진을 찍다
- 靠窗 kào chuāng
  창문 쪽, 창가

이제 여행을 떠나 볼까요?
앞서 준비한 단어와 함께 차근차근 각 단계별로 학습해보세요.

❀ 랜드마크에 한 걸음 한 걸음 다가갈 수 있습니다.

STEP 1. 중국어 반복 듣기

tip

可以는 허락이나 바람을 나타내는데요.
의문형은 可以~吗 / 可不可以? 로 첫 번째 以 는 생략하고 질문합니다.
• 这件可以试穿吗?
= 这件可不可以试穿?
이 옷 입어봐도 되나요?

1

A: 去酒吧可以这样穿吗?

B: 估计没问题。

2

A: 穿拖鞋不太好吧?

B: 没事，没人管你。

3

A: 你可以给我一份英文菜单吗?

B: 好的，请稍等。

1

A: Qù jiǔbā kěyǐ zhè yàng chuān ma?

B: Gūjì méi wèntí.

2

A: Chuān tuōxié bú tài hǎo ba?

B: Méi shì, méi rén guǎn nǐ.

3

A: Nǐ kěyǐ gěi wǒ yí fèn yīngwén càidān ma?

B: Hǎo de, qǐng shāo děng.

1

A: 라운지 바 가는데 이렇게 입어도 돼?

B: 별 문제없을 거 같은데.

2

A: 슬리퍼 신는 거 별로지 않을까?

B: 괜찮아, 아무도 널 신경 쓰지 않아.

3

A: 영어로 된 메뉴 좀 주실 수 있나요?

B: 네, 잠시만 기다리세요.

기억하기

랜드마크 여행의 추억을 오랫동안 기억하기 위해
여행 중에 인상 깊었던 내용을 반복합니다.

 아래의 QR코드로 영상을 보며
큰소리로 따라 말해보세요.

可以~吗?

· 可以刷卡吗?

· 可以快点吗?

· 可以打包吗?

· 可以拍照吗?

· 可以坐靠窗的位子吗?

kěyǐ ~ ma?

~되나요?

- Kěyǐ shuākǎ ma?

- Kěyǐ kuàidiǎn ma?

- Kěyǐ dǎ bāo ma?

- Kěyǐ pāizhào ma?

- Kěyǐ zuò kào chuāng de wèizi ma?

- 카드 되나요?

- 좀 빨리 되나요?

- 포장되나요?

- 사진 찍어도 되나요?

- 창가 자리 앉을 수 있나요?

중국의 주요 도시

직할시, 특별행정구, 자치구, 각 성(省)과 성도(省都) 를 소개합니다.
베이징, 상하이, 톈진,충칭은 4개의 직할시로 분류되고요. 홍콩과 마카오는 특별행정구에 속
한답니다.

4개 직할시

- 北京 Běijīng 베이징
- 上海 Shànghǎi 상하이
- 天津 Tiānjīn 톈진
- 重庆 Chóngqìng 충칭

2개 특별 행정 구역

- 香港 Xiānggǎng 홍콩
- 澳门 Aomén 마카오

5개 자치구

- 内蒙古自治区 Nèiměnggǔzìzhìqū 네이멍구 자치구
  呼和浩特 Hūhéhàotè 후허하오터시
- 新疆维吾尔 Xīnjiāngwéiwúěrzìzhìqū 신장웨이우얼 자치구
- 西藏自治区 Xīzàngzìzhìqū 티벳 자치구 拉萨 Lāsà 라싸
- 宁夏回族自治区 Níngxiàhuízúzìzhìqū 닝샤 후이족 자치구 银川 Yínchuān 인촨시
- 广西省壮族自治区 GuǎngxīZhuàng zúzìzhìqū 광시좡족자치구 南宁 Nánníng 난닝

- 黑龙江省 Hēilóngjiāngshěng 헤이룽장성 哈尔滨 Hāěrbīn 하얼빈시
- 吉林省 Jílínshěng 지린성 长春 Chángchūn 창춘시
- 辽宁省 Liáoníngshěng 랴오닝성 沈阳 Shěnyáng 선양시
- 乌鲁木齐 Wūlǔmùqí 우루무치시
- 青海省 Qīnghǎishěng 칭하이성 西宁 Xīníng 시닝시
- 甘肃省 Gānsùshěng 간쑤성 兰州 Lánzhōu 란저우시
- 陕西省 Shǎnxīshěng 산시성 西安 Xī'ān 시안시
- 山西省 Shānxīshěng 산시성 太原 Tàiyuán 타이위안 시
- 河北省 Héběishěng 허베이성 石家庄 Shíjiāzhuāng 스자좡
- 山东省 Shāndōngshěng 산둥성 济南 Jǐnán 지난시
- 江苏省 Jiāngsūshěng 장쑤성 南京 Nánjīng 난징시
- 安徽省 Ānhuīshěng 안후이성 合肥 Héféi 허페이시
- 河南省 Hénánshěng 허난성 郑州 Zhèngzhōu 정저우시
- 湖北省 Húběishěng 후베이성 武汉 Wǔhàn 우한시
- 四川省 Sìchuānshěng 쓰촨성 成都 Chéngdū 청두시
- 云南省 Yúnnánshěng 윈난성 昆明 Kūnmíngshì 쿤밍시
- 贵州省 Guìzhōushěng 구이저우성
- 贵阳 Guìyángshì 구이양시
- 湖南省 Húnánshěng 후난성
- 长沙 Chángshāshì 창사시
- 江西省 Jiāngxīshěng 장시성
- 南昌 Nánchāng 난창시
- 浙江省 Zhèjiāngshěng 저장성
- 杭州 Hángzhōu 항저우시
- 福建省 Fújiànshěng 푸젠성 福州 Fúzhōu 푸저우시
- 广东省 Guǎngdōngshěng 광둥성   广州 Guǎngzhōu 광저우시
- 海南省 Hǎinánshěng 하이난성 海口 Hǎikǒu 하이커우시

랜드마크 중국 여행
베이징(北京) 둘째날

14 찐딩쉬엔
13 난뤄구샹
11 라오셔차관
12 리우리창
10 치엔먼
09 천단공원

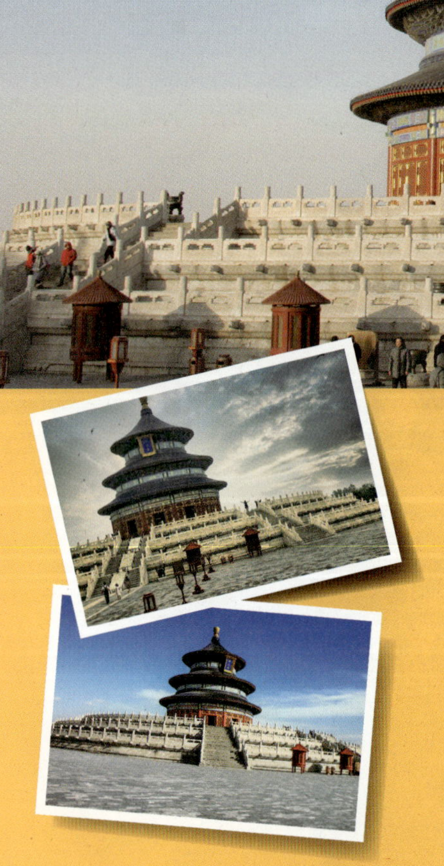

황제가 제천의식을 하던 곳이에요. 기우제와 풍년 제등을 올리기 위해 명대의 영락제가 건설한 제단입니다. 중국 황실의 정치적 권위의 기반이었던 우주 생성론을 표현하고 있다고 하네요. 1998년 세계문화유산에 등재된 천단은 우주관을 분명하고 생생하게 보여주는 건축, 조경 디자인의 걸작이라는 평을 받고 있습니다. 학생증이 있으면 할인받을 수 있다고 하니까 학생이라면 꼭 챙겨가세요!

이번 랜드마크에서는 어떤 대화를 하는지
먼저 살펴볼까요?

원어민의 음성을 들어보세요.

china_09.mp3

1

A : 천단공원 가려면 몇 호선 타야 해요?

B : 5호선 타고 가서 천단 동문에서 내리면 돼요.

A : Qù Tiāntán gōngyuán zuò dìtiě jǐ hào xiàn?

B : Zuò dìtiě wǔ hào xiàn dào Tiāntán dōngmén xiàchē.

2

A : 또 갈아타야 하나요?

B : 아뇨.

A : Hái yào huànchéng ma?

B : Bú yòng.

3

A : 입장권 사실 거에요 아니면 자유이용권 하시나요?

B : 자유이용권 두장 주세요.

A : Nǐ yào mǎi ménpiào háishi liánpiào?

B : Yào liǎng zhāng liánpiào.

오늘 학습할 주요 단어입니다.
먼저 단어를 학습한 이후 본문으로 넘어가세요.

하루 학습할 단어 분량이
요거~ 밖에 안 되네요.
확실하게 준비하세요.

- **下车** xiàchē 차에서 내리다
- **坐** zuò (교통 도구를) 타다
- **换乘** huànchéng (차를) 갈아타다(바꿔 타다)
- **联票** liánpiào 자유이용권, 왕복표
- **等** děng 기다리다
- **别** bié 그밖에, 달리, 따로, 다른

이제 여행을 떠나 볼까요?
앞서 준비한 단어와 함께 차근차근 각 단계별로 학습해보세요.

🌺 랜드마크에 한 걸음 한 걸음 다가갈 수 있습니다.

STEP 1. 중국어 반복 듣기

tip

교통수단의 표현

중국어는 교통수단을 이용할 때 어떤 종류의 차를 타는지에 따라 '타다'라는 동사가 달라집니다.

• 坐 : 가장 많이 쓰는 '~타다'라는 표현으로 버스, 기차, 택시, 비행기 등 일반적인 교통수단을 탈 때 사용됩니다.

我坐公家车去。

난 버스 타고 가요.

• 骑 : 자전거나 오토바이, 말처럼 양쪽으로 다리를 벌려서 올라타는 교통수단은 이 동사를 사용합니다.

我骑自行车去。

난 자전거 타고 가요.

• 开 : '열다'라는 표현 외에 '직접 운전하다, 조종하다'의 의미를 가지고 있습니다.

我开车去。

난 운전해서 가요.

• 打 : '택시를 타다'의 의미를 가지고 있습니다.

我打车去。

나는 택시 타고 가요.

1

A: 去天坛公园坐地铁几号线?

B: 坐地铁5号线到天坛东门下车。

2

A: 还要换乘吗?

B: 不用。

3

A: 你要买门票还是联票?

B: 要两张联票。

1

A: Qù Tiāntán gōngyuán zuò dìtiě jǐ hào xiàn?

B: Zuò dìtiě wǔ hào xiàn dào Tiāntán dōngmén xiàchē.

2

A: Hái yào huànchéng ma?

B: Bú yòng.

3

A: Nǐ yào mǎi ménpiào háishi liánpiào?

B: Yào liǎng zhāng liánpiào.

1

A: 천단공원 가려면 몇 호선 타야 해요?

B: 5호선 타고 가서 천단 동문에서 내리면 돼요.

2

A: 또 갈아타야 하나요?

B: 아뇨.

3

A: 입장권 사실 거에요 아니면 자유이용권 하시나요?

B: 자유이용권 두장 주세요.

기억하기

랜드마크 여행의 추억을 오랫동안 기억하기 위해
여행 중에 인상 깊었던 내용을 반복합니다.

 아래의 QR코드로 영상을 보며
큰소리로 따라 말해보세요.

还要~吗?

- 还要等吗?

- 还要吃吗?

- 还要看吗?

- 还要走吗?

- 还要别的吗?

<table>
<tr><td>STEP 2. 병음 보고 말해보기</td><td>STEP 3. 우리말을 보고 중국어로 말해보기</td></tr>
</table>

Hái yào ~ ma?

더(또) ~하나요?

- Hái yào děng ma?
- Hái yào chī ma?
- Hái yào kàn ma?
- Hái yào zǒu ma?
- Hái yào bié de ma?

- 더 기다려야 하나요?
- 더 먹을래요?
- 더 볼래요?
- 더 가야 하나요?
- 다른 거 필요한 게 있나요?

치엔먼 〈前门〉

오늘 배울 문장은? ~입니다.

치엔먼에서 시작해 남쪽으로 쭉 이어진 치엔먼따지에(前门大街)는 총 845m 정도 길이의 오랜 기간 베이징을 대표해 온 상업거리입니다. 황제들이 비밀 순행을 할 때 즐겨 찾던 곳이기도 했다는데요. 그러다 보니 그 역사를 지켜오며 100년 이상의 전통을 자랑하는 상점들이 많습니다. 베이징카오야(北京烤鸭)로 유명한 취안쥐더(全聚德), 샤오마이(烧麦)로 유명한 뚜이추(都一处)도 다 이곳에 위치해 있습니다. 또 도로 가운데는 선로가 놓여 있는데요. 이는 1920년대부터 66년까지 베이징의 주요한 교통수단이었던 궤도 전차가 다니는 길이었는데 지금은 관광용 전차가 다닙니다.

미리보기

이번 랜드마크에서는 어떤 대화를 하는지
먼저 살펴볼까요?

 원어민의 음성을 들어보세요.

china_10.mp3

1

A : 제가 한국인인데요, 길을 잃었어요.

B : 어디 가시는데요?

A : Wǒ shì Hánguórén, wǒ mí lù le.

B : Nǐ yào qù nǎr?

2

A : 치엔먼 가려고 하는데요, 여기서 거기까지 멀어
요?

B : 이 길 따라서 앞으로 쭉 가시면 돼요, 한 15분
정도면 도착합니다.

A : Wǒ xiǎng qù Qiánmén dàjiē, cóng zhè li dào nà li yuǎn ma?

B : Yánzhe zhè tiáo lù yìzhí wǎng qián zǒu. dàgài zǒu shíwǔ
fēnzhōng jiù kěyǐ dào le

3

A : 오늘 치엔먼 갈 껀데, 맛있는 레스토랑 어떤 게
있을까?

B : 취엔쥐더(전취덕)가서 북경오리 먹어.

A : Wǒ jīntiān qù Qiánmén dàjiē, yǒu nǎxiē hǎochī de
cāntīng ne?

B : Nǐ qù quánjùdé chī Běijīng kǎoyā ba.

준비하기

오늘 학습할 주요 단어입니다.
먼저 단어를 학습한 이후 본문으로 넘어가세요.

 하루 학습할 단어 분량이
요거~ 밖에 안 되네요.
확실하게 준비하세요.

- **迷路** mí lù
길을 잃다, 길을 잘못 들다
- **沿** yán
(물·길·물체의 가장자리 등을)
~따라, ~끼고

- **条** tiáo (지형·구조물과 관련
된 것 등의 가늘고 긴 것을 세는
단위) 줄기, 가닥, 갈래
- **餐厅** cāntīng 식당
- **烤鸭** kǎoyā

오리구이, 베이징 덕

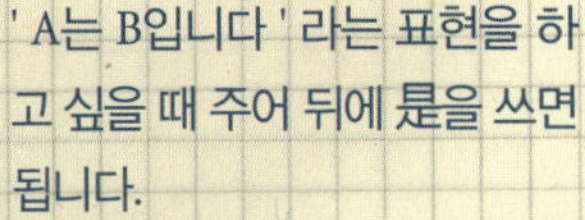

이제 여행을 떠나 볼까요?
앞서 준비한 단어와 함께 차근차근 각 단계별로 학습해보세요.

 랜드마크에 한 걸음 한 걸음 다가갈 수 있습니다.

tip

' A는 B입니다 ' 라는 표현을 하고 싶을 때 주어 뒤에 是을 쓰면 됩니다.
반대로 ' ~가 아닙니다 ' 라는 말을 쓰고 싶을 때는 不를 넣어주면 되고요.
' ~입니까? ' 라고 묻고 싶으면 吗? 를 넣으면 되어요.

- 긍정형 : 我是韩国人。
  나는 한국인입니다.
- 부정형 : 我不是韩国人。
  나는 한국인이 아닙니다.
- 의문형 : 你是韩国人吗?
  당신은 한국인입니까?

1

A: 我是韩国人，我迷路了。

B: 你要去哪儿?

2

A: 我想去前门大街， 从这里到那里远吗?

B: 沿着这条路一直往前走，大概走15分钟就可以到了。

3

A: 我今天去前门大街，有哪些好吃的餐厅呢?

B: 你去全聚德吃北京烤鸭吧。

1

A: Wǒ **shì** Hánguórén, wǒ mí lù le.

B: Nǐ yào qù nǎr?

2

A: Wǒ xiǎng qù Qiánmén dàjiē, cóng zhè li dào nà li yuǎn ma?

B: Yánzhe zhè tiáo lù yìzhí wǎng qián zǒu. dàgài zǒu shíwǔ fēnzhōng jiù kěyǐ dào le.

3

A: Wǒ jīntiān qù Qiánmén dàjiē, yǒu nǎxiē hǎochī de cāntīng ne?

B: Nǐ qù quánjùdé chī Běijīng kǎoyā ba.

1

A: 제가 한국인인데요, 길을 잃었어요.

B: 어디 가시는데요?

2

A: 치엔먼 가려고 하는데요, 여기서 거기까지 멀어요?

B: 이 길 따라서 앞으로 쭉 가시면 돼요, 한 15분 정도면 도착합니다.

3

A: 오늘 치엔먼 갈 껀데, 맛있는 레스토랑 어떤 게 있을까?

B: 취엔쥐더(전취덕)가서 북경오리 먹어.

랜드마크 여행의 추억을 오랫동안 기억하기 위해 여행 중에 인상 깊었던 내용을 반복합니다.

STEP 1. 중국어 반복 듣기

아래의 QR코드로 영상을 보며 큰소리로 따라 말해보세요.

~是~

- 我是美国人。

- 他是老师。

- 这是我的笔。

- 那是我的包。

- 今天是他的生日。

~shì~

~입니다.

- Wǒ shì Měiguórén.

- Tā shì lǎoshī.

- Zhè shì wǒ de bǐ.

- Nà shì wǒ de bāo.

- Jīntiān shì tā de shēngrì.

- 저는 미국 사람입니다.

- 그는 선생님입니다.

- 이것은 제 펜입니다.

- 저것은 제 가방입니다.

- 오늘은 그의 생일입니다.

라오셔(노사)차관 〈老舍茶馆〉

오늘 배울 문장은? **~있나요?**

라오셔(老舍)는 중국 현대문학을 대표하는 소설가인데요. 그를 기념하기 위해 만들어진 곳입니다. 베이징 전통 가옥인 사합원을 재현해 놓은 곳에서 여러 가지 공연을 보면서 차를 마실 수 있는 곳이에요. 우리로 치면 만담 같은 공연을 중국에서는 샹성(相声)이라고 하는데요 이곳에 가면 샹성 뿐만 아니라 경극, 변검, 곡예 등의 다양한 공연을 맛보기 형식으로 볼 수 있습니다. '중국에 왔는데 전통 공연을 보고 가야 하지 않겠어' 라고 생각하신다면 라오셔 차관 추천드려요. 중국의 전통 공연들이 짧게 짧게 연결돼 있어 지루하지도 않아요. 좌석에는 가볍게 먹을 수 있는 중국 전통 간식거리와 차가 제공됩니다.

미리보기

이번 랜드마크에서는 어떤 대화를 하는지
먼저 살펴볼까요?

 원어민의 음성을 들어보세요.

china_11.mp3

1
A : 공연 리스트가 있나요?
B : 여기요.

A : Yǒu yǎnchū jiémùdān ma?
B : Zhè li yǒu.

2
A : 7시 50분에 공연 시작하면 몇 시에 끝나요?
B : 9시 20분에 끝납니다.

A : Yǎnchū qī diǎn wǔshí kāishǐ dào jǐ diǎn jiéshù?
B : Jiǔ diǎn èrshí jiù jiéshù.

3
A : 2번째 라인 표 지금 있어요?
B : 있습니다. 한 사람에 480위안이에요.

A : Dì èr pái de piào xiànzài yǒu ma?
B : Yǒu a. yí wèi sìbǎi bāshí kuài qián.

준비하기

오늘 학습할 주요 단어입니다.
먼저 단어를 학습한 이후 본문으로 넘어가세요.

 하루 학습할 단어 분량이
요거~ 밖에 안 되네요.
확실하게 준비하세요.

- 演出 yǎnchū 공연, 공연하다
- 节目单 jiémùdān
  프로그램, 프로그램 리스트
- 开始 kāishǐ 시작, 시작하다
- 排 pái 줄, 열
- 零钱 língqián 용돈, 잔돈
- 空房 kōngfáng 빈방
- 名片 míngpiàn 명함

이제 여행을 떠나 볼까요?
앞서 준비한 단어와 함께 차근차근 각 단계별로 학습해보세요.

🌺 랜드마크에 한 걸음 한 걸음 다가갈 수 있습니다.

STEP 1. 중국어 반복 듣기

tip

' ~가 있다 ~를 가지고 있다 ' 는 有를 사용합니다. 반대로 ' 없어요, 가지고 있지 않아요 ' 는 没有 ' ~이 있나요? ~을 가지고 있나요? ' 의문 형태는 ~ 吗? 를 넣어 주면 됩니다.

- 긍정형 : 我有苹果手机。
  저는 아이폰이 있어요.
- 부정형 : 我没有苹果手机。
  저는 아이폰이 없어요.
- 의문형 : 你有苹果手机吗?
  너는 아이폰이 있니?

1

A: 有演出节目单吗?

B: 这里有。

2

A: 演出7点50开始到几点结束?

B: 9点20就结束。

3

A: 第二排的票现在有吗?

B: 有啊。一位480块钱。

1

A: Yǒu yǎnchū jiémùdān ma?

B: Zhè li yǒu.

2

A: Yǎnchū qī diǎn wǔshí kāishǐ dào jǐ diǎn jiéshù?

B: Jiǔ diǎn èrshí jiù jiéshù.

3

A: Dì èr pái de piào xiànzài yǒu ma?

B: Yǒu a. yí wèi sìbǎi bāshí kuài qián.

1

A: 공연 리스트가 있나요?

B: 여기요.

2

A: 7시 50분에 공연 시작하면 몇 시에 끝나요?

B: 9시 20분에 끝납니다.

3

A: 2번째 라인 표 지금 있어요?

B: 있습니다. 한 사람에 480위안이에요.

기억하기

랜드마크 여행의 추억을 오랫동안 기억하기 위해
여행 중에 인상 깊었던 내용을 반복합니다.

 아래의 QR코드로 영상을 보며
큰소리로 따라 말해보세요.

有~吗?

· 有零钱吗?

· 有更小的吗?

· 有更大的吗?

· 有空房吗?

· 有名片吗?

Yǒu ~ ma?

- Yǒu língqián ma?

- Yǒu gèng xiǎo de ma?

- Yǒu gèng dà de ma?

- Yǒu kōngfáng ma?

- Yǒu míngpiàn ma?

~있나요?

- 잔돈 있나요?

- 더 작은 있나요?

- 더 큰 거 있나요?

- 빈방 있나요?

- 명함 있나요?

리우리창(골동품거리) 〈琉璃厂〉

오늘 배울 문장은? ~하고 싶다.

베이징의 인사동이라고 불리는 곳인데요. 골동품이나 문방사우, 옛 그림, 옛 글씨, 고서적 등을 판매하는 전통문화 거리이기 때문입니다. 이곳은 琉璃유리+厂공장이라는 문자 뜻 그대로 유리기와를 굽던 공장이었습니다. 이곳에서 구워진 기와들은 주로 궁궐 장식으로 사용됐다고 하는데요. 그 역사만 해도 7-800년이 넘는다고 합니다. 이렇게 최초의 유리공장이었던 곳이 이제는 베이징 문화거리로 자리 잡으면서 베이징시 역사 문화 보호 거리로 지정됐답니다. 이곳은 크게 동서로 나뉘는데 동쪽은 주로 골동품을 서쪽은 주로 책을 판매하고 있습니다. 9:00-18:00 사이에 방문하는 게 좋습니다. 중국스러운 기념품을 구입하고 싶다면 둘러보시는 것도 좋을 것 같아요.

이번 랜드마크에서는 어떤 대화를 하는지
먼저 살펴볼까요?

 원어민의 음성을 들어보세요.

china_12.mp3

1

A : 리우리창 가서 선물 사려고 해.

B : 어떤 선물 사려고?

A : Wǒ xiǎng qù liúlíchǎng mǎi lǐwù.

B : Mǎi shénmeyàng de lǐwù?

2

A : 베이징 특색 있는 공예품 같은 거.

B : 바가지 안 쓰게 조심해, 너무 비싼 물건은 웬만하면 사지 말고.

A : Yǒu Běijīng tèsè de gōngyìpǐn.

B : Xiǎoxīn bèi zǎi, wǒ jiànyì bú yào gòumǎi hěn guì de dōngxi.

3

A : 이거 어떻게 팔아요?

B : 한 개 15위안입니다.

A : Zhè ge zěnme mài?

B : Yí ge shíwǔ kuài qián.

오늘 학습할 주요 단어입니다.
먼저 단어를 학습한 이후 본문으로 넘어가세요.

 하루 학습할 단어 분량이
요거~ 밖에 안 되네요.
확실하게 준비하세요.

- 礼物 lǐwù 선물
- 工艺品 gōngyìpǐn 공예품
- 被宰 bèi zǎi 바가지를 쓰다
- 建议 jiànyì
  제안하다, 건의하다
- 购买 gòumǎi 사다, 구매하다
- 贵 guì 비싸다
- 电影 diànyǐng 영화

이제 여행을 떠나 볼까요?
앞서 준비한 단어와 함께 차근차근 각 단계별로 학습해보세요.

🌺 랜드마크에 한 걸음 한 걸음 다가갈 수 있습니다.

STEP 1. 중국어 반복 듣기

tip

'생각하다' 라는 뜻의 想이 조동사로 쓰일 때는 '~하고 싶다' 라는 뜻이 됩니다.

주어의 주관적인 바람을 표현할 때 사용되는데요. 뭔가 희망사항을 표현하는 느낌으로 일을 하게 되는 여부는 확실하지는 않습니다. (할 수도 있고 안 할 수도 있고 어조가 강압적이거나 단호하지는 않아요.)

부정할 때는 不想을 써서 '~하고 싶지 않아요, ~하기 싫어요' 라고 사용해요.

1

A: 我想去琉璃厂买礼物。

B: 买什么样的礼物?

2

A: 有北京特色的工艺品。

B: 小心被宰，我建议不要购买很贵的东西。

3

A: 这个怎么卖?

B: 一个15块钱。

1

A: Wǒ xiǎng qù liúlíchǎng mǎi lǐwù.

B: Mǎi shénmeyàng de lǐwù?

2

A: Yǒu Běijīng tèsè de gōngyìpǐn.

B: Xiǎoxīn bèi zǎi, wǒ jiànyì bú yào gòumǎi hěn guì de dōngxi.

3

A: Zhè ge zěnme mài?

B: Yí ge shíwǔ kuài qián.

1

A: 리우리창 가서 선물 사려고 해.

B: 어떤 선물 사려고?

2

A: 베이징 특색 있는 공예품 같은 거.

B: 바가지 안 쓰게 조심해. 너무 비싼 물건은 웬만하면 사지 말고.

3

A: 이거 어떻게 팔아요?

B: 한 개 15위안입니다.

기억하기

랜드마크 여행의 추억을 오랫동안 기억하기 위해
여행 중에 인상 깊었던 내용을 반복합니다.

 아래의 QR코드로 영상을 보며
큰소리로 따라 말해보세요.

我想~

· 我想预约。

· 我想回家。

· 我想去看看。

· 我想吃中国菜。

· 我想看电影。

<table>
<tr>
<td>

Wǒ xiǎng~

- Wǒ xiǎng yùyuē.

- Wǒ xiǎng huíjiā.

- Wǒ xiǎng qù kànkan.

- Wǒ xiǎng chī Zhōngguócài.

- Wǒ xiǎng kàn diànyǐng.

</td>
<td>

~하고 싶다.

- 예약을 하고 싶어요.

- 집에 가고 싶어요.

- 가서 보고 싶다.

- 중국음식 먹고 싶다.

- 영화 보고 싶다.

</td>
</tr>
</table>

남라고향(난뤄구샹) 〈南锣鼓巷〉

오늘 배울 문장은? ∿해주세요.

약 786미터의 난뤄구샹은 징과 북을 파는 상점이 많아서 붙여진 이름입니다. 원나라 때의 후퉁 모습을 가장 잘 보여주는 곳이라 베이징시 역시 문화 보호 거리로 지정돼 있어요. 약 800여 년의 역사를 가진 베이징에서 가장 오래된 후퉁이랍니다. 카페며 수제 액세서리, 빈티지 레스토랑 등이 많아서 전통과 현대의 느낌이 잘 섞여있는 곳입니다. 베이징의 전통 가옥인 사합원을 개조해서 호텔 등으로 만든 곳도 있어서 여행자들이 먹고 자고 쉬고 하는 것을 다 누릴 수 있는 곳이에요.

이번 랜드마크에서는 어떤 대화를 하는지
먼저 살펴볼까요?

원어민의 음성을 들어보세요.

china_13.mp3

1
A : 제가 담주에 베이징 가는데, 호텔 추천 좀 해주세요.

B : 중국식 스타일의 호텔은 어때요?

A : Wǒ xiàzhōu qù Běijīng, qǐng bāng wǒ tuījiàn yíxià jiǔdiàn.
B : Zhōngshì fēnggé de jiǔdiàn zěnmeyàng?

2
A : 좋아요.

B : 이 호텔이 문화 특색이 있는 사합원 테마호텔이거든요.

A : Hǎo ya.
B : Zhè jiā jiǔdiàn shì jùyǒu wénhuà tèsè de sìhéyuàn zhǔtíshì jiǔdiàn.

3
A : 나 난뤄구샹 진짜 좋아.

B : 나도, 난 이미 8번 가봤어.

A : Wǒ tǐng xǐhuan nánlúogǔxiàng.
B : Wǒ yě shì. Wǒ yǐjīng qùguo bā cì le.

오늘 학습할 주요 단어입니다.
먼저 단어를 학습한 이후 본문으로 넘어가세요.

하루 학습할 단어 분량이
요거~ 밖에 안 되네요.
확실하게 준비하세요.

- **推荐** tuījiàn 추천(소개)하다
- **中式** zhōngshì 중국식의 , 중국풍의
- **酒店** jiǔdiàn 호텔
- **四合院** sìhéyuàn
  사합원 : 북경의 전통 주택 양식, 가운데 마당을 중심으로 사방이 모두 집채로 둘러싸여 있다
- **主题式** zhǔtíshì 테마식, 테마

- **挺** tǐng 꽤, 제법, 매우, 상당히
- **已经** yǐjīng 이미, 벌써
- **翻译** fānyì 번역하다, 통역하다
- **换** huàn 교환하다, 바꾸다
- **毛巾** máojīn 수건, 타월
- **保管** bǎoguǎn 보관하다
- **行李** xíngli 짐, 수화물

이제 여행을 떠나 볼까요?
앞서 준비한 단어와 함께 차근차근 각 단계별로 학습해보세요.

🌺 랜드마크에 한 걸음 한 걸음 다가갈 수 있습니다.

STEP 1. 중국어 반복 듣기

tip

동사+过를 쓸 때 주의하셔야 할 게 있어요.
일반적으로 过는 동사 중첩을 하지않아요.
看过看 (X)
去过去 (X)
그리고 常常처럼 종종을 나타내는 부사 뒤에도 쓰지 않습니다.
我常常去过南锣鼓巷 (X)
过는 확실한 시간사 하고만 친해요.
我去年去过南锣鼓巷 (0)
有一年 어느 해 같이 막연한 때도 함께 쓰일 수 없습니다.

1

A: 我下周去北京，请帮我推荐一下酒店。

B: 中式风格的酒店怎么样?

2

A: 好呀。

B: 这家酒店是具有文化特色的四合院主题式酒店。

3

A: 我挺喜欢南锣鼓巷?

B: 我也是，我已经去过8次了。

1

A: Wǒ xiàzhōu qù Běijīng, qǐng bāng wǒ tuījiàn yíxià jiǔdiàn.

B: Zhōngshì fēnggé de jiǔdiàn zěnmeyàng?

2

A: Hǎo ya.

B: Zhè jiā jiǔdiàn shì jùyǒu wénhuà tèsè de sìhéyuàn zhǔtíshì jiǔdiàn.

3

A: Wǒ tǐng xǐhuan nánlúogǔxiàng.

B: Wǒ yě shì. Wǒ yǐjīng qùguo bā cì le.

1

A: 제가 담주에 베이징 가는데, 호텔 추천 좀 해주세요.

B: 중국식 스타일의 호텔은 어때요?

2

A: 좋아요.

B: 이 호텔이 문화 특색이 있는 사합원 테마호텔이거든요.

3

A: 나 난뤄구샹 진짜 좋아.

B: 나도, 난 이미 8번 가봤어.

기억하기

랜드마크 여행의 추억을 오랫동안 기억하기 위해
여행 중에 인상 깊었던 내용을 반복합니다.

아래의 QR코드로 영상을 보며
큰소리로 따라 말해보세요.

请帮我~

- 请帮我一下，好吗?

- 请帮我一个忙。

- 请帮我翻译一下。

- 请帮我换毛巾。

- 请帮我保管这个行李。

 Chapter 13 ~해주세요.

Qǐng bāng wǒ~

~해주세요.

- Qǐng bāng wǒ yíxià, hǎo ma?

- Qǐng bāng wǒ yí ge máng.

- Qǐng bāng wǒ fānyì yíxià.

- Qǐng bāng wǒ huàn máojīn.

- Qǐng bāng wǒ bǎoguǎn zhè ge xíngli.

- 저 좀 도와주실래요?

- 부탁 좀 들어주세요.

- 번역 좀 해주세요.

- 수건 좀 바꿔주세요.

- 이 짐 좀 맡아주세요.

14

찐딩쉬엔(딤섬집) 〈金鼎轩〉

오늘 배울 문장은? **여태껏 ~해본 적 없다.**

24시간 전문점이라 언제 가도 딤섬을 먹을 수 있는 곳입니다. 여러 개의 분점을 가지고 있는데 그중에서 **雍和宫** 용허궁 역 A 출구에 있는 지점이 가장 큽니다. 4층으로 되어 있고, 유명세에 걸맞게 올라가는 계단에는 유명 연예인들의 사진과 사인이 다닥다닥 붙어있습니다. 저녁에 가시면 반짝거리는 네온사인에 금방 찾으실 수 있을 거예요. 메뉴판에는 번호와 사진이 함께 있으니 주문하기도 편하답니다. 가격도 비싸지 않아서 부담스럽지 않게 맛있는 딤섬을 다양하게 맛보실 수 있습니다.

이번 랜드마크에서는 어떤 대화를 하는지
먼저 살펴볼까요?

원어민의 음성을 들어보세요.

▶ china_14.mp3

1

A : 너 딤섬 먹어본 적 있어?

B : 나 여태껏 한 번도 먹어본 적이 없어.

A : Nǐ chīguo diǎnxin ma?

B : Wǒ cónglái méi chīguo.

2

A : 진짜야 거짓말이야~?

B : 진짜로!

A : Zhēn de jiǎ de?

B : Zhēn de!

3

A : 이렇게 종류가 많은 줄 몰랐어. 다 엄청 맛있어
보인다.

B : 뜨거울 때 먹어.

A : Méi xiǎngdào zhǒnglèi zhème duō. kànshangqu dōu hǎo
hǎochī.

B : Chènrè chī.

오늘 학습할 주요 단어입니다.
먼저 단어를 학습한 이후 본문으로 넘어가세요.

하루 학습할 단어 분량이
요거~ 밖에 안 되네요.
확실하게 준비하세요.

- **点心** diǎnxin
딤섬, (과자, 떡, 케이크 같은)간식

- **假** jiǎ 거짓의, 가짜의

- **种类** zhǒnglèi 종류

- **看上去** kànshangqu
보아하니~하다

- **好** hǎo 형용사나 동사 앞에 쓰여 정도가 심함을 나타낸다. (주로 감탄의 어기가 들어 있음)

- **趁热** chènrè
뜨거울 때를 이용하여

- **听** tīng 듣다

- **想** xiǎng 생각하다

이제 여행을 떠나 볼까요?
앞서 준비한 단어와 함께 차근차근 각 단계별로 학습해보세요.

🌺 랜드마크에 한 걸음 한 걸음 다가갈 수 있습니다.

tip

여러 가지 맛 표현 하기
- 新鲜的 xīn xiān de 신선한
- 好吃的 hǎo chī de 맛있는
- 咸的 xián de 짠
- 辣的 là de 매운
- 甜的 tián de 단
- 酸的 suān de 신
- 苦的 kǔ de 쓴
- 涩的 sè de 떫은
- 油腻的 yóu nì de 느끼한
- 清淡的 qīng dàn de 담백한

1

A: 你吃过点心吗?

B: 我从来没吃过。

2

A: 真的假的?

B: 真的!

3

A: 没想到种类这么多。
　　看上去都好好吃。

B: 趁热吃。

1

A: Nǐ chīguo diǎnxin ma?

B: Wǒ cónglái méi chīguo.

2

A: Zhēn de jiǎ de?

B: Zhēn de!

3

A: Méi xiǎngdào zhǒnglèi zhème duō. kànshangqu dōu hǎo hǎochī.

B: Chènrè chī.

1

A: 너 딤섬 먹어본 적 있어?

B: 나 여태껏 한 번도 먹어본 적이 없어.

2

A: 진짜야 거짓말이야~?

B: 진짜로!

3

A: 이렇게 종류가 많은 줄 몰랐어. 다 엄청 맛있어 보인다.

B: 뜨거울 때 먹어.

랜드마크 여행의 추억을 오랫동안 기억하기 위해 여행 중에 인상 깊었던 내용을 반복합니다.

 아래의 QR코드로 영상을 보며 큰소리로 따라 말해보세요.

从来没~ V+过。

· 我从来没看过。

· 我从来没去过。

· 我从来没听过。

· 我从来没学过。

· 我从来没想过。

cónglái méi V+ guo.

여태껏 ～해본 적 없다.

- Wǒ cónglái méi kànguo.

- Wǒ cónglái méi qùguo.

- Wǒ cónglái méi tīngguo.

- Wǒ cónglái méi xuéguo.

- Wǒ cónglái méi xiǎngguo.

- 여태껏 본 적 없어요.

- 여태껏 가본 적 없어요.

- 여태껏 들어본 적이 없어요.

- 여태껏 배워본 적이 없어요.

- 여태껏 생각해본 적 없어요.

딤섬의 종류

• 虾饺 xiājiǎo

새우가 씹히는 맛이 일품인 딤섬입니다. 한국 사람들의 사랑을 받는 딤섬 중 하나예요. 속이 비칠 정도로 얇은 피에 탱글탱글한 새우가 들어 있답니다.

• 烧麦 shāomài

예쁜 꽃 모양으로 빚어내는 딤섬이에요. 노란색 만두 피안에 다진 돼지고기랑 새우, 버섯, 양파 등 이 들어가요. 많은 사람들에게 친숙한 딤섬 중 하 나지요.

• 叉烧包 chāshāobāo

包가 들어가는 것 대부분은 우리나라 찐빵 모양같이 생겼어요.
속 재료에 따라 앞에 이름이 달라지는데 叉烧를 넣은 것이에요. 홍콩식 바비큐 소스로 만든 고기를 넣어서 달콤한 고기 맛이 나요.

• 小笼包 xiǎolóngbāo

주머니같이 생긴 얇은 피 속에 돼지고기소와 뜨거운 육즙이 들어있어서 육즙 만두라고도 불리죠. 얇은 피를 잘 주름잡아서 터지지 않게 만드는 것이 바로 이 샤오롱빠오를 만드는 비법 중 하나라고 해요.

• 奶黄包 nǎihuáng bāo

호빵같이 생긴 나이황빠오를 반으로 쪼개면 진노란색 커스터드 크림이 흘러나옵니다.

랜드마크 중국 여행
베이징(北京) 셋째날

15 이화원
16 베이징 올림픽 주 경기장
17 798
18 스마오톈제

이화원 〈颐和园〉

오늘 배울 문장은? ~로 가주세요.

청나라 서태후가 재건한 현존하는 중국 최대의 별궁이자 황실 정원이에요. 총면적의 4분의 3을 차지하는 큰 인공 호수 곤명호(昆明湖)는 엄청난 크기를 자랑합니다. 이 곤명호를 만들 때 어마어마하게 많은 양의 흙을 파냈다고 하는데요. 이 흙을 쌓아서 만든 것이 바로 옆에 있는 만수산(万寿山)이에요. 높이는 약 60m라고 합니다. 중국에서 가장 긴 길이를 자랑하는 복도인 장랑(长廊)은 723m로 비나 눈이 올 때에도 산책을 즐길 수 있도록 만들어졌습니다. 이화원은 중국의 조경과 정원 예술을 잘 보여주는 곳이랍니다. 1998년에 세계문화유산에도 등재되었어요.

이번 랜드마크에서는 어떤 대화를 하는지
먼저 살펴볼까요?

원어민의 음성을 들어보세요.

china_15.mp3

1

A : 내일 너 이화원 데려간다는 거 못 갈 거 같아.
    혼자 갈 수 있겠지?

B : 그럼, 베이징 지하철 잘 되어있잖아.

A : Míngtiān wǒ bù néng dài nǐ qù Yíhéyuán, nǐ zìjǐ qù kěyǐ ma?

B : Kěyǐ de, Běijīng dìtiě hěn fāngbiàn.

2

A : 지하철 4호선 시웬 역에서 내려. C2출구로 나가
    서 한 50미터 정도 걸어가면 도착해.

B : 오키, 못 찾겠으면 전화할게.

A : Zài dìtiě sì hào xiàn xīyuàn zhàn xiàchē. cóng C èr chūkǒu chūlái, dàgài zǒulù wǔshí mǐ jiù dào.

B : OK la, zhǎobudào dehuà gěi nǐ dǎ diànhuà.

3

A : 이화원 가주세요.

B : 차 타실 필요 없어요, 10분만 걸으면 도착해요.

A : Qǐng dào Yíhéyuán.

B : Bù xūyào dǎchē, zǒulù shí fēnzhōng jiù dào le.

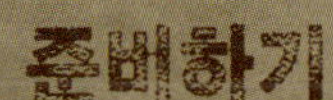

오늘 학습할 주요 단어입니다.
먼저 단어를 학습한 이후 본문으로 넘어가세요.

하루 학습할 단어 분량이
요거~ 밖에 안 되네요.
확실하게 준비하세요.

- 带 dài
  인도(인솔)하다, 이끌다, 데리다, 데려가다
- 自己 zìjǐ 자기, 스스로, 자신
- 方便 fāngbiàn 편리하다
- 米 mǐ 미터
- 电话 diànhuà 전화
- 地址 dìzhǐ 주소

이제 여행을 떠나 볼까요?
앞서 준비한 단어와 함께 차근차근 각 단계별로 학습해보세요.

 랜드마크에 한 걸음 한 걸음 다가갈 수 있습니다.

STEP 1. 중국어 반복 듣기

tip

请 은 중국어에서 몇 안 되는 높임말입니다. 상대방에게 정중히 권하거나 부탁할 때 사용하는데요. 영어로는 please 에 해당한다고 보시면 되겠습니다. 단독으로 사용할 수도 있고요.
请+동사를 사용할 경우 "동사 + 해주세요(하세요)" 의 의미입니다.
- 请进。 들어오세요.
- 请坐。 앉으세요.
그러나 请问 의 경우는 물어봐주세요. 가 아니라 " 말씀 좀 여쭤볼게요/ 실례합니다/ excuse me" 의 의미로 사용됩니다.
자주 쓰는 표현이니 외워두세요.

1

A: 明天我不能带你去颐和园，你自己去可以吗？

B: 可以的。北京地铁很方便。

2

A: 在地铁4号线西苑站下车。从C2出口出来，大概走路50米就到。

B: OK啦，找不到的话给你打电话。

3

A: 请到颐和园。

B: 不需要打车，走路十分钟就到了。

1

A: Míngtiān wǒ bù néng dài nǐ qù Yíhéyuán, nǐ zìjǐ qù kěyǐ ma?

B: Kěyǐ de, Běijīng dìtiě hěn fāngbiàn.

2

A: Zài dìtiě sì hào xiàn xīyuàn zhàn xiàchē. cóng C èr chūkǒu chūlái, dàgài zǒulù wǔshí mǐ jiù dào.

B: OK la, zhǎobudào dehuà, gěi nǐ dǎ diànhuà.

3

A: Qǐng dào Yíhéyuán.

B: Bù xūyào dǎchē, zǒulù shí fēnzhōng jiù dào le.

1

A: 내일 너 이화원 데려간다는 거 못 갈 거 같아. 혼자 갈 수 있겠지?

B: 그럼, 베이징 지하철 잘 되어있잖아.

2

A: 지하철 4호선 시웬 역에서 내려. C2출구로 나가서 한 50미터 정도 걸어가면 도착해.

B: 오키, 못 찾겠으면 전화할게.

3

A: 이화원 가주세요.

B: 차 타실 필요 없어요, 10분만 걸으면 도착해요.

기억하기

랜드마크 여행의 추억을 오랫동안 기억하기 위해
여행 중에 인상 깊었던 내용을 반복합니다.

아래의 QR코드로 영상을 보며
큰소리로 따라 말해보세요.

请到~

· 请到国际机场。

· 请到北大西门。

· 请到这个地址。

· 请到这个酒店。

· 请到这个名片中的地址。

 ~로 가주세요.

Qǐng dào~

~로 가주세요.

- Qǐng dào guójì jīchǎng.

- Qǐng dào Běidà xīmén.

- Qǐng dào zhè ge dìzhǐ.

- Qǐng dào zhè ge jiǔdiàn.

- Qǐng dào zhè ge míngpiàn zhōng de dìzhǐ.

- 국제공항 가주세요.

- 북대 서문 가주세요.

- 이 주소로 가주세요.

- 이 호텔로 가주세요.

- 이 명함에 있는 주소로 가주세요.

16

베이징 올림픽 주 경기장 〈北京国家体育场〉

오늘 배울 문장은? **점점~하다.**

올림픽 주 경기장의 정식 명칭은 국가체육장입니다. 하지만 중국인들 사이에서는 鸟巢 즉, 새둥지라고 더 많이 불려요. 모양새가 꼭 새둥지를 닮았기 때문이래요. 원래 새집이 겉에서 보기에는 빈틈이 많고 어설퍼 보이지만 실제로는 무척 단단하다는데 나뭇가지도 아니고 철강으로 새집을 짓기에는 정말 힘들었을 거 같아요. 2004년에 착공해서 2008년 3월에야 완공을 했다고 합니다. 전문가들은 10년은 족히 걸렸을 설계안이라 했으나 완성품은 4년 만에 완성~! 이제는 대중들에게 개방되어서 50위안 정도면 입장권을 사서 누구나 볼 수 있다고 합니다.

● 水立方 워터 큐브 : 새둥지 옆에는 보글보글 거품의 풍성함이 느껴지는 수이리팡이 있습니다. 국립수상경기센터예요.

이번 랜드마크에서는 어떤 대화를 하는지
먼저 살펴볼까요?

 원어민의 음성을 들어보세요.

china_16.mp3

1

A : 냐오차오 안에 들어가 볼 수 있나요?

B : 가서 외관만 보는 건 무료인데요. 입장하시려면 티켓 한 장에 50위안이에요.

A : Niǎocháo kěyǐ jìnqù kànkan ma?

B : Jiù kàn wàiguān shì miǎnfèi de. jìnqù de huà, ménpiào wǔshí kuài qián yì zhāng.

2

A : 들어가 볼 필요가 있을까요?

B : 평범한 체육관이랑 비슷해요.

A : Yǒu bìyào jìnqù ma?

B : Gēn pǔtōng de tǐyùguǎn chàbuduō.

3

A : 냐오차오와 워터 큐브는 저녁에 불이 들어오고 나면 정말 예뻐요.

B : 베이징의 특색 있는 건축물 중에 하나예요. 베이징의 랜드마크가 점점 많아지고 있는 것 같아요.

A : Niǎocháo hé shuǐlìfāng wǎnshang kāidēng hòu tèbié piàoliang.

B : Shì yí ge Běijīng de tèsè jiànzhù. Wǒ juéde Běijīng de dìbiāo yuèláiyuè duō le.

오늘 학습할 주요 단어입니다.
먼저 단어를 학습한 이후 본문으로 넘어가세요.

하루 학습할 단어 분량이
요거~ 밖에 안 되네요.
확실하게 준비하세요.

• **外观** wàiguān 외관, 겉모양

• **普通** pǔtōng
보통이다, 평범하다, 일반적이다

• **差不多** chàbuduō
비슷하다, 큰 차이가 없다, 가깝다

• **开灯** kāidēng
전등을 켜다, 불을 켜다

• **建筑** jiànzhù
건축물, 건축하다

• **地标** dìbiāo 랜드마크

이제 여행을 떠나 볼까요?
앞서 준비한 단어와 함께 차근차근 각 단계별로 학습해보세요.
🌺 랜드마크에 한 걸음 한 걸음 다가갈 수 있습니다.

STEP 1. 중국어 반복 듣기

tip

비슷하지만 다른 두 표현!
• 越来越 '갈수록 ~하다 / 점점 ~하다'
你的汉语说得越来越好。
그는 점점 중국어를 잘한다.
• ~越~, ~越~ '~할수록 ~하다'
年纪越大，身体越差。
나이가 많을수록, 몸이 좋지 않다.
运动越多，体重越轻。
운동을 많이 할수록, 체중이 줄어든다.

1

A: 鸟巢可以进去看看吗？

B: 就看外观是免费的。进去的话，门票50块钱一张。

2

A: 有必要进去吗？

B: 跟普通的体育馆差不多。

3

A: 鸟巢和水立方晚上开灯后特别漂亮。

B: 是一个北京的特色建筑。我觉得北京的地标越来越多了。

<table>
<tr><td>

1

A: Niǎocháo kěyǐ jìnqù kànkan ma?

B: Jiù kàn wàiguān shì miǎnfèi de. jìnqù de huà, ménpiào wǔshí kuài qián yì zhāng.

2

A: Yǒu bìyào jìnqù ma?

B: Gēn pǔtōng de tǐyùguǎn chàbuduō.

3

A: Niǎocháo hé shuǐlìfāng wǎnshang kāidēng hòu tèbié piàoliang.

B: Shì yí ge Běijīng de tèsè jiànzhù. Wǒ juéde Běijīng de dìbiāo yuèláiyuè duō le.

</td><td>

1

A: 냐오차오 안에 들어가 볼 수 있나요?

B: 가서 외관만 보는 건 무료인데요. 입장하시려면 티켓 한 장에 50위안이에요.

2

A: 들어가 볼 필요가 있을까요?

B: 평범한 체육관이랑 비슷해요.

3

A: 냐오차오와 워터 큐브는 저녁에 불이 들어오고 나면 정말 예뻐요.

B: 베이징의 특색 있는 건축물 중에 하나예요. 베이징의 랜드마크가 점점 많아지고 있는 것 같아요.

</td></tr>
</table>

기억하기

랜드마크 여행의 추억을 오랫동안 기억하기 위해
여행 중에 인상 깊었던 내용을 반복합니다.

아래의 QR코드로 영상을 보며
큰소리로 따라 말해보세요.

越来越~

- 游客越来越多。

- 我越来越胖了。

- 我越来越没自信了。

- 他越来越喜欢你。

- 你的汉语水平越来越好。

yuèláiyuè~

점점 ~하다.

- Yóukè **yuèláiyuè** duō.

- Wǒ **yuèláiyuè** pàng le.

- Wǒ **yuèláiyuè** méi zìxìn le.

- Tā **yuèláiyuè** xǐhuan nǐ.

- Nǐ de Hànyǔ shuǐpíng **yuèláiyuè** hǎo.

- 여행객이 점점 많아진다.

- 나는 점점 살찐다.

- 나는 점점 자신이 없다.

- 그는 점점 너를 좋아한다.

- 너의 중국어는 점점 좋아진다.

17

798 예술특구 〈798艺术区〉

오늘 배울 문장은? ~해야 하나요?

베이징 북쪽 大山子따샨즈에 위치한 예술지구예요. 원래는 공장 중 하나였던 지대에 뛰어난 예술성을 가진 예술가들이 하나 둘 모여들면서 열정 넘치는 예술 공간이 되었습니다. 한국의 헤이리 예술마을이나 홍콩의 소호와 비슷한 느낌을 받을 수 있는데요. 이곳에 오면 누군가가 알려주지 않아도 공장 지대였음을 느낄 수 있습니다. 50년대의 콘크리트 벽이 드러나있는 공장을 그대로 살려서 갤러리를 꾸며놓았기 때문이에요. 전시물은 현대 예술 쪽이 많고요. 다양한 갤러리와 카페가 모여있어서 예술적 감성을 충분히 느낄 수 있는 곳입니다.

미리보기

이번 랜드마크에서는 어떤 대화를 하는지
먼저 살펴볼까요?

 원어민의 음성을 들어보세요.

china_17.mp3

1

A : 798 티켓 사야 하나?

B : 티켓 살 필요 없어.

A : Qījiŭbā xūyào măi ménpiào ma?

B : Bú yòng măi ménpiào.

2

A : 진짜?

B : 안에 전시들도 다 무료야.

A : Zhēndema?

B : Tā lǐmiàn de suǒyǒu zhǎnlǎn dōushì miǎnfèi de.

3

A : 여기 되게 괜찮다.

B : 그러게, 현대 예술의 숨결이 살아있네.

A : Zhè li hĕn búcuò.

B : Shì de, hĕn yǒu xiàndài yìshù qìxī.

준비하기

오늘 학습할 주요 단어입니다.
먼저 단어를 학습한 이후 본문으로 넘어가세요.

 하루 학습할 단어 분량이
요거~ 밖에 안 되네요.
확실하게 준비하세요.

- 门票 ménpiào 입장권
- 展览 zhǎnlǎn
  전람하다, 전시하다
- 免费 miǎnfèi 무료로 하다
- 不错 búcuò
  괜찮다, 좋다, 잘하다
- 现代 xiàndài 현대
- 艺术 yìshù 예술
- 气息 qìxī
  숨, 숨결, (문학작품의) 정취
- 预约 yùyuē 예약하다
- 换车 huànchē
  (차를) 갈아타다, 환승하다
- 减肥 jiǎnféi
  살을 빼다, 다이어트하다

이제 여행을 떠나 볼까요?
앞서 준비한 단어와 함께 차근차근 각 단계별로 학습해보세요.

🌺 랜드마크에 한 걸음 한 걸음 다가갈 수 있습니다.

798 예술 특수 관련 표현 더 알아보기

- 美术展 měishùzhǎn
  미술전시회
- 美术馆 měihùguǎn 미술관
- 展览馆 zhǎnlǎnguǎn 전시관
- 展示 zhǎnshì / 展览 zhǎnlǎn
  전시회
- 画廊 huàláng 화랑
- 全年开放 quánnián kāifàng
  연중무휴

- 我经常去看美术展。
  저는 자주 미술전시회를 보러 갑니다.
- 我经常去画廊看画展。
  저는 자주 화랑에 가서 그림전시회를 봅니다.

1

A: 798需要买门票吗?

B: 不用买门票。

2

A: 真的吗?

B: 它里面的所有展览都是免费的。

3

A: 这里很不错。

B: 是的。很有现代艺术气息。

1

A: Qījiǔbā xūyào mǎi ménpiào ma?

B: Bú yòng mǎi ménpiào.

2

A: Zhēndema?

B: Tā lǐmiàn de suǒyǒu zhǎnlǎn dōushì miǎnfèi de.

3

A: Zhè li hěn búcuò.

B: Shì de, hěn yǒu xiàndài yìshù qìxī.

1

A: 798 티켓 사야 하나?

B: 티켓 살 필요 없어.

2

A: 진짜?

B: 안에 전시들도 다 무료야.

3

A: 여기 되게 괜찮다.

B: 그러게, 현대 예술의 숨결이 살아 있네.

랜드마크 여행의 추억을 오랫동안 기억하기 위해
여행 중에 인상 깊었던 내용을 반복합니다.

 아래의 QR코드로 영상을 보며
큰소리로 따라 말해보세요.

需要 ~吗?

- 需要吗?
- 需要预约吗?
- 需要换车吗?
- 需要理由吗?
- 需要减肥吗?

Xūyào ~ ma?

- Xūyào ma?

- Xūyào yùyuē ma?

- Xūyào huànchē ma?

- Xūyào lǐyóu ma?

- Xūyào jiǎnféi ma?

~해야 하나요?

- 필요한가요?

- 예약해야 하나요?

- 환승해야 하나요?

- 이유가 필요하나요?

- 다이어트해야 하나요?

18

THE PLACE 스마오톈제 〈世贸天阶〉

오늘 배울 문장은? ~할 수 있어요?

중국 특히 베이징과 상하이 일대에 상위 몇 퍼센트의 고객을 타깃으로 하는 최고급 백화점이 많은데요. 이곳 역시 그런 쇼핑몰 중 하나지만 특별한 게 하나 더 있습니다. 바로 스카이 스크린인데요. 더 플레이스의 중앙광장의 넓이와 맞먹는 면적의 하늘이 전광판에 가려진 걸 보면 깜짝 놀라실 거에요. 라스베이거스의 페어몬트 스트리트의 천장 전광판을 벤치마킹한 거라고 합니다. 이 스크린은 할리우드 무대 디자이너 제레미 레일튼이 디자인했다고 합니다. 24미터 높이의 공중에 설치돼 있고요. 길이 250미터 폭 30미터로 아시아에서 가장 크고 세계에서는 두 번째로 크다고 합니다. 다양한 광고나 작품을 보여주기도 하고요. 정해진 번호로 문자를 보내면 사랑고백 등의 이벤트도 가능하다고 합니다.

미리보기 이번 랜드마크에서는 어떤 대화를 하는지
먼저 살펴볼까요?

 원어민의 음성을 들어보세요.

china_18.mp3

1
A : 저녁 7시쯤 대형 스크린이 켜진대.

B : 그 천장 전광판이 아시아 일등이라고 들었어.

A : Wǎnshang qī diǎn zuǒyòu kāiqǐ dàpíngmù.

B : Tīngshuō nà tiānmù Yàzhōu dìyī.

2
A : 맞아.

B : 내일 같이 가줄 수 있어?

A : Méicuò.

B : Míngtiān nǐ néng péi wǒ qù ma?

3
A : 더 플레이스 가면 재미있는 것이 뭐 있는데?

B : 그 주변이 다 대형 몰이야, 쇼핑하러 가는 거지.

A : Shìmàotiānjiē yǒu shénme hǎowánr de?

B : Zhōuwéi shì yìxiē dàxíng shāngchǎng. kěyǐ qù guàngjiē.

준비하기 오늘 학습할 주요 단어입니다.
먼저 단어를 학습한 이후 본문으로 넘어가세요.

 하루 학습할 단어 분량이
요거~ 밖에 안 되네요.
확실하게 준비하세요.

- **~左右** zuǒyòu
  가량, 안팎, 만큼, 내외
- **开启** kāiqǐ
  시작하다, 열다, 작동하다
- **屏幕** píngmù 스크린
- **玩儿** wánr 놀다, 즐기다
- **周围** zhōuwéi 주위, 주변

- **商城** shāngchǎng
  쇼핑센터, 상가, 아케이드
- **盐** yán 소금
- **地图** dìtú 지도
- **指** zhǐ
  가리키다, 지시하다, 지적하다

이제 여행을 떠나 볼까요?
앞서 준비한 단어와 함께 차근차근 각 단계별로 학습해보세요.
🌺 랜드마크에 한 걸음 한 걸음 다가갈 수 있습니다.

STEP 1. 중국어 반복 듣기

tip

能 은 '~할 수 있다' 라는 의미를
조동사로 인데요. 부정문에서는
'~해도 된다' 의 허가의 의미도
가지고 있어요.
질문을 할 때는 어떤 능력이나
여건이 되어 가능함을 물어볼 때
사용 합니다.

1

A: 晚上7点左右开启大屏幕。

B: 听说那天幕亚洲第一。

2

A: 没错。

B: 明天你能陪我去吗?

3

A: 世贸天阶有什么好玩儿的?

B: 周围是一些大型商城，可以去逛街。

<table>
<tr><td>

1

A: Wǎnshang qī diǎn zuǒyòu kāiqǐ dàpíngmù.

B: Tīngshuō nà tiānmù Yàzhōu dìyī.

2

A: Méicuò.

B: Míngtiān nǐ néng péi wǒ qù ma?

3

A: Shìmàotiānjiē yǒu shénme hǎowánr de?

B: Zhōuwéi shì yìxiē dàxíng shāngchǎng, kěyǐ qù guàngjiē.

</td><td>

1

A: 저녁 7시쯤 대형 스크린이 켜진대.

B: 그 천장 전광판이 아시아 일등이라고 들었어.

2

A: 맞아.

B: 내일 같이 가줄 수 있어?

3

A: 더 플레이스 가면 재미있는 것이 뭐 있는데?

B: 그 주변이 다 대형 몰이야, 쇼핑하러 가는 거지.

</td></tr>
</table>

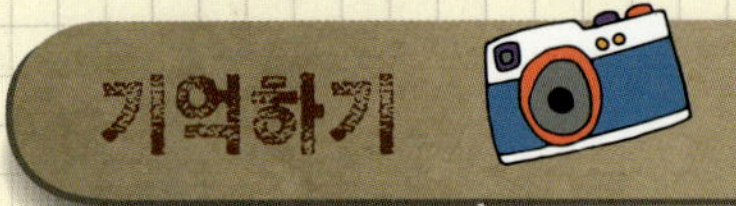

랜드마크 여행의 추억을 오랫동안 기억하기 위해
여행 중에 인상 깊었던 내용을 반복합니다.

 아래의 QR코드로 영상을 보며
큰소리로 따라 말해보세요.

能~吗?

- 能喝酒吗?

- 能走着去吗?

- 能坐公共汽车去吗?

- 能给我点儿盐吗?

- 能在地图上指一下吗?

Néng ~ma?

~할 수 있어요?

- Néng hē jiǔ ma?

- 술 마실 수 있어요?

- Néng zǒuzhequ ma?

- 걸어갈 수 있어요?

- Néng zuò gōnggòngqìchē qù ma?

- 버스 타고 갈 수 있어요?

- Néng gěi wǒ diǎnr yán ma?

- 소금 좀 줄 수 있나요?

- Néng zài dìtú shàng zhǐ yíxià ma?

- 지도상에서 가리켜줄 수 있나요?

랜드마크 중국 여행
베이징(北京) 외곽

19 만리장성
20 명13릉

19

만리장성〈长城〉

오늘 배울 문장은? **~얼마나 걸릴까요?**

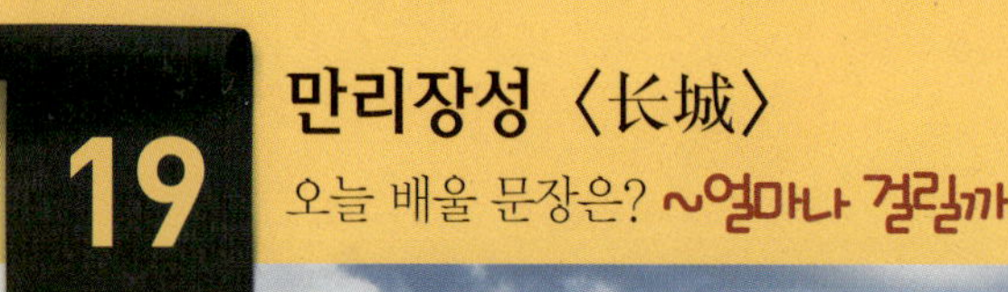

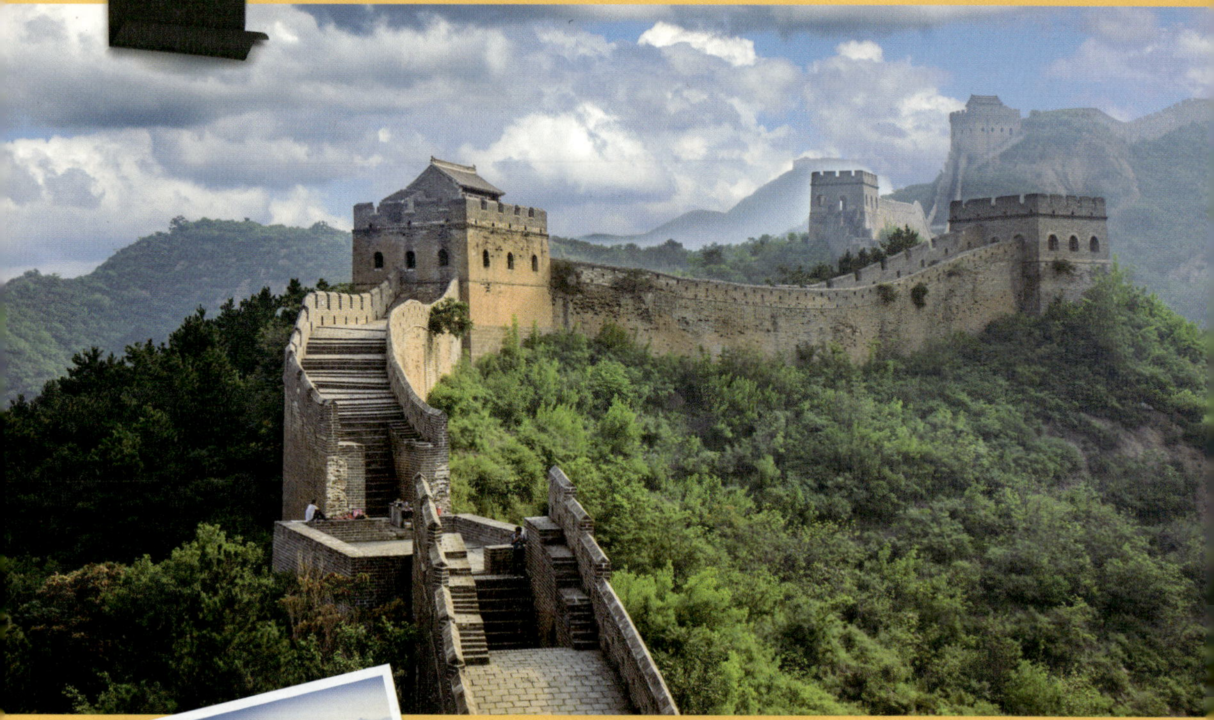

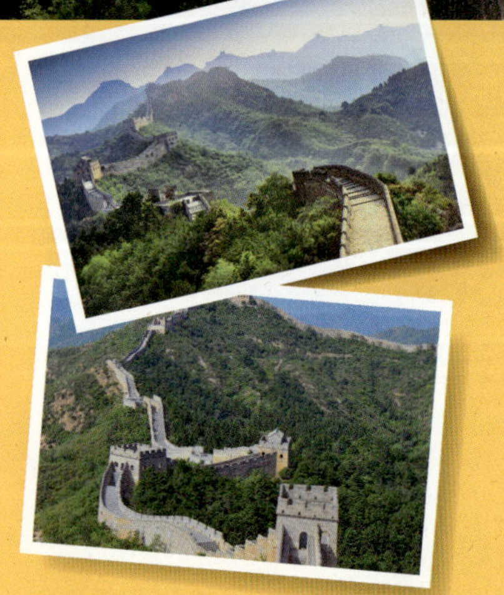

중국의 대표적인 랜드마크와도 같은 곳 아닐까요. 세계문화유산으로도 지정된 만리장성은 춘추시대에 건축됐어요. 진나라 시황제가 흉노족의 침입을 막기 위해 증축한 성벽입니다. 총 연장선이 6300km에 달하는 거대한 인공 성벽인데요 길이를 리로 환산하면 12,600리에 달해서 만리장성이라 부릅니다. 과거 중국의 방어 체계였던 만리장성이 이제는 세계적인 여행 명소가 되었죠.

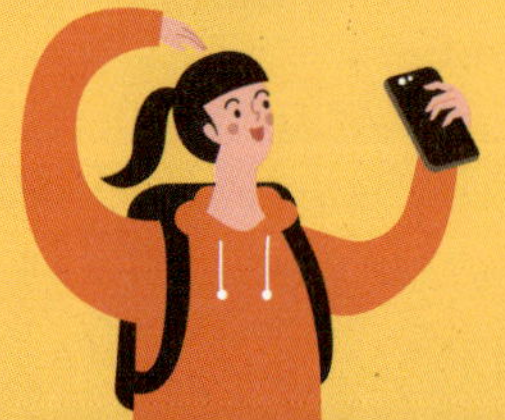

이번 랜드마크에서는 어떤 대화를 하는지
먼저 살펴볼까요?

 원어민의 음성을 들어보세요.

china_19.mp3

1

A : 만리장성까지 얼마나 걸려?

B : 대략 한 시간 반 정도.

A : Dào Chángchéng xūyào duōcháng shíjiān?

B : Dàgài yí ge bàn xiǎoshí.

2

A : 비교적 멀구나, 낼 아침에 몇 시에 출발해?

B : 9시 반 출발이야.

A : Bǐjiào yuǎn, míngtiān zǎoshang jǐ diǎn chūfā?

B : Jiǔ diǎn bàn chūfā.

3

A : 만리장성 올라가 본 적 있어?

B : 당연하지, 중국에 "만리장성을 오르지 않으면
사내대장부가 아니다"라는 말이 있거든.

A : Nǐ páguo Chángchéng ma?

B : Dāngrán a. Zhōngguó yǒu yí jù huà jiào "bú dào
Chángchéng fēi hǎohàn".

오늘 학습할 주요 단어입니다.
먼저 단어를 학습한 이후 본문으로 넘어가세요.

하루 학습할 단어 분량이
요거~ 밖에 안 되네요.
확실하게 준비하세요.

- **长城** Chángchéng
  만리장성(万里长城이지만 보통
  중국에서는 줄여서 长城이라고
  만 씁답니다)

- **大概** dàgài
  대략적인, 대충의, 대강

- **半** bàn 절반, 1/2, 반쯤

- **比较** bǐjiào 비교적

- **远** yuǎn 멀다

- **出发** chūfā 출발하다, 떠니디

- **爬** pá 오르다, 기어오르다, 기다

- **当然** dāngrán
  당연(하다), 물론(이다)

- **来回** láihuí 왕복

- **首尔** Shǒu'ěr 서울

이제 여행을 떠나 볼까요?
앞서 준비한 단어와 함께 차근차근 각 단계별로 학습해보세요.

🌺 랜드마크에 한 걸음 한 걸음 다가갈 수 있습니다.

STEP 1. 중국어 반복 듣기

tip

알아두면 중국의 옛 말들
- 不怕慢，只怕站。
  (Bú pà màn, zhǐ pà zhàn.)
  느린 것을 두려워하지 말고, 중도에 멈추는 것을 두려워하라.

- 过犹不及 (guòyóubùjí)
  과유불급(지나친 것은 모자란 것과 같다.)

- 得人心者，得天下。
  (Dé rén xīn zhě, dé tiān xià.)
  사람의 마음을 얻는 자가, 천하를 얻는다.

1

A: 到长城需要多长时间？

B: 大概一个半小时。

2

A: 比较远，明天早上几点出发？

B: 9点半出发。

3

A: 你爬过长城吗？

B: 当然啊，中国有一句话叫"不到长城非好汉"。

<table>
<tr><td>

1

A: Dào Chángchéng xūyào duōcháng shíjiān?

B: Dàgài yí ge bàn xiǎoshí.

2

A: Bǐjiào yuǎn, míngtiān zǎoshang jǐ diǎn chūfā?

B: Jiǔ diǎn bàn chūfā.

3

A: Nǐ páguo Chángchéng ma?

B: Dāngrán a, Zhōngguó yǒu yí jù huà jiào "bú dào Chángchéng fēi hǎohàn".

</td><td>

1

A: 만리장성까지 얼마나 걸려?

B: 대략 한 시간 반 정도.

2

A: 비교적 멀구나, 낼 아침에 몇 시에 출발해?

B: 9시 반 출발이야.

3

A: 만리장성 올라가 본 적 있어?

B: 당연하지, 중국에 "만리장성을 오르지 않으면 사내대장부가 아니다"라는 말이 있거든.

</td></tr>
</table>

랜드마크 여행의 추억을 오랫동안 기억하기 위해
여행 중에 인상 깊었던 내용을 반복합니다.

아래의 QR코드로 영상을 보며
큰소리로 따라 말해보세요.

~需要多长时间?

- 去机场需要多长时间?

- 来回需要多长时间?

- 大概需要多长时间?

- 从首尔到北京需要多长时间?

- 去那里走路需要多长时间?

~xūyào duōcháng shíjiān?

~얼마나 걸릴까요?

- Qù jīchǎng xūyào duōcháng shíjiān?

- Láihuí xūyào duōcháng shíjiān?

- Dàgài xūyào duōcháng shíjiān?

- Cóng Shǒu'ěr dào Běijīng xūyào duōcháng shíjiān?

- Qù nàli zǒulù xūyào duōcháng shíjiān?

- 공항 가는데 얼마나 걸릴까요?

- 왕복 얼마나 걸릴까요?

- 대략 얼마나 걸릴까요?

- 서울에서 베이징까지 얼마나 걸릴까요?

- 거기까지 걸어가는데 얼마나 걸릴까요?

20

명13릉 〈明13陵〉

오늘 배울 문장은? **내 생각에는~**

명나라 황제와 황후들의 무덤이 있는 곳입니다. 이곳에는 총 13명의 황제와 23명의 황후, 2명의 태자, 30여 명의 비빈, 2명의 환관이 잠들어 있는데요. 2003년에 세계문화유산에 등재된 곳입니다. 보통 베이징 시내에서 가까운 팔달령(八达岭) 장성을 가면 코스로 함께 가는 곳이기도 합니다.

이번 랜드마크에서는 어떤 대화를 하는지
먼저 살펴볼까요?

원어민의 음성을 들어보세요.

china_20.mp3

1
A : 우리 내일 어디가?
B : 오전에는 만리장성 갔다가, 오후에 명 13 릉 갈까 하는데...

A : Wǒmen míngtiān qù nǎli?
B : Wǒ xiǎng shàngwǔ qù Chángchéng, xiàwǔ qù míng shísān líng...

2
A : 내 생각에 팔달령 장성과 명 13 릉 1일 투어로 가는 게 비교적 편할 거 같아.
B : 그러자.

A : Wǒ juéde cānjiā bādálǐng Chángchéng hé míng shísān líng yírìyóu bǐjiào fāngbiàn.

B : Kěyǐ.

3
A : 명 13 릉은 언제 세계문화유산에 등재됐어요?
B : 2003년이요.

A : Míng shísān líng shì shénme shíhou bèi lièrù shìjiè wénhuà yíchǎn de?

B : Shì èr líng líng sān nián.

오늘 학습할 주요 단어입니다.
먼저 단어를 학습한 이후 본문으로 넘어가세요.

하루 학습할 단어 분량이
요거~ 밖에 안 되네요.
확실하게 준비하세요.

- 一日游 yírìyóu
  1일 투어, 일일코스 관광
- 方便 fāngbiàn 편리하다
- 什么时候 shénme shíhou
  언제
- 被 bèi ~에 의해 (~되다)
- 列入 lièrù 집어넣다

- 世界文化遗产
  shìjiè wénhuà yíchǎn
  세계문화유산
- 奇怪 qíguài
  - 이상하다, 희한하다
- 棒 bàng 좋다, 강하다, 최고다

이제 여행을 떠나 볼까요?
앞서 준비한 단어와 함께 차근차근 각 단계별로 학습해보세요.

 랜드마크에 한 걸음 한 걸음 다가갈 수 있습니다.

STEP 1. 중국어 반복 듣기

tip

'~라고 생각하다, 내 생각에는~ '라는 뜻으로 어떤 일에 대해서 내 생각을 얘기할 때 사용합니다. 비슷한 표현으로 认为가 있는데요 이는 주로 공식적인 자리 혹은 문서에 많이 쓰입니다.

- 我觉得我可以做得到。
  제가 할수 있을 것 같아요.
- 我认为双方并没有达到共识。
  제 생각에는 서로 합의점에 도달하지 못한 듯합니다.

1

A: 我们明天去哪里?

B: 我想上午去长城，下午去明十三陵。

2

A: 我觉得参加八达岭长城和明十三陵一日游比较方便。

B: 可以。

3

A: 明13陵是什么时候被列入世界文化遗产的?

B: 是2003年。

1

A: Wǒmen míngtiān qù nǎli?

B: Wǒ xiǎng shàngwǔ qù? Chángchéng, xiàwǔ qù míng shísān líng...

2

A: Wǒ juéde cānjiā bādálǐng Chángchéng hé míng shísān líng yírìyóu bǐjiào fāngbiàn.

B: Kěyǐ.

3

A: Míng shísān líng shì shénme shíhou bèi lièrù shìjiè wénhuà yíchǎn de?

B: Shì èr líng líng sān nián.

1

A: 우리 내일 어디가?

B: 오전에는 만리장성 갔다가, 오후에 명 13 릉 갈까 하는데...

2

A: 내 생각에 팔달령 장성과 명 13 릉 1일 투어로 가는게 비교적 편할 거 같아.

B: 그러자.

3

A: 명 13 릉은 언제 세계문화유산에 등재됐어요?

B: 2003년이요.

기억하기

랜드마크 여행의 추억을 오랫동안 기억하기 위해
여행 중에 인상 깊었던 내용을 반복합니다.

 아래의 QR코드로 영상을 보며
큰소리로 따라 말해보세요.

我觉得~

· **我觉得**还可以。

· **我觉得**不重要。

· **我觉得**很奇怪。

· **我觉得**很好看。

· **我觉得**自己很棒。

Wǒ juéde~

내 생각에는~

- Wǒ juéde hái kěyǐ.

- Wǒ juéde bú zhòngyào.

- Wǒ juéde hěn qíguài.

- Wǒ juéde hěn hǎokàn.

- Wǒ juéde zìjǐ hěn bàng.

- 내 생각에는 그럭저럭 괜찮은 거 같아.

- 내 생각에는 중요하지 않은 거 같아.

- 내 생각에는 이상한 거 같아.

- 내 생각에는 예쁜 거 같아.

- 내 생각에 난 최고인 거 같아.

20-30대가 많이 쓰는 생생한 중국어 I

A:他是你的男朋友吗?　　　　　　　　　　　　　　　남자 친구야?
Tā shì nǐde nánpéngyou ma?

B:也不算男朋友就是暧昧关系。　　　　　　남자 친구는 아니고, 썸 타는 사이야.
Yě búsuàn nánpéngyou jiùshì àimèi guānxi.

비슷한 단어로는 이런 게 있어요. **备胎** bèi tāi 원래는 스페어타이어라는 뜻인데요. 요즘은 보험용 애인 /어장 속 물고기라는 뜻으로도 쓰인답니다.

**A: **我开始吃土。　　　　　　　　　　　　　　　　나 이제 파산이야.
Wǒ kāishǐ chī tǔ.

= 我吃不起饭，只能吃土。 나 밥 먹을 돈 없어서 흙 퍼먹으면서 살아야 해. 에서 나온 말이에요.

**B: **我才是真正的剁手党。　　　　　진정 손목을 내어놓아야 할 사람은 나야.
Wǒ cái shì zhēnzhèng de duòshǒudǎng.　　　　　(내가 진정한 쇼핑 중독자야.)

剁手 손목을 자르다 라는 뜻으로 충동구매로 인터넷 쇼핑을 많이 해서 돈이 없는 사람들이 한 번 더 구매하면 손목을 자를 거라고 하는 무리를 뜻하는 신조어예요.

A:不能我一个人瞎。你快看一下这个！

나 혼자만 눈이 멀 수는 없다!! 너도 빨리 이거 봐봐!

Bù néng wǒ yí ge rén xiā. nǐ kuài kàn yíxià zhè ge.

B:天啊！太辣眼睛了。

오 마이 갓! 눈꼴사나워!!

Tiān a! tài là yǎnjing le.

辣眼睛 맵다+눈의 신조어로 눈에다가 매운 것을 뿌린듯한 괴로움. 보고 싶지 않은걸 봤을 때
으악 내 눈! 눈꼴시려서 못 보겠다_ 괴롭다의 의미가 담겨있어요.

A:你要带入感情。

마음 좀 담아줄래.

Nǐ yào dài rù gǎnqíng.

B: 这是走心的话！

내 마음 완전 담았는데!

Zhè shì zǒuxīn dehuà!

走心 굳이 풀자면 마음으로 걸어가다，마음 속에 두다. 라는
뜻입니다. 그래서 영혼 없는 칭찬이라는 말할
때는 不太走心的夸赞이라고 쓰시
면 됩니다.

我已经用了洪荒之力。　나는 이미 젖
먹던 힘까지 다했어.

Wǒ yǐ jīng yòng le hóng huāng zhī lì.

洪荒之力의 洪荒이 까마득한 옛날, 태고
라는 뜻입니다. 태고의 힘을 쓰다, 우주를
바꿀만한 거대한 힘. 이라는 뜻인데요.
한국어로 번역하면 젖 먹던 힘까지 다했
다. 라는 표현입니다. 원래는 고전 드라
마에서 신과 요괴의 힘이 엄청나다는
뜻으로 쓰였는데, 중국의 한 수영선수
가 이 단어를 쓰면서 유행이 되고 지금
은 관용어처럼 쓰고 있습니다.

랜드마크 중국 여행
상하이(上海) 첫째날

24 난징동루
25 와이탄
26 와이탄3호
23 예원상가거리
21 예원
22 구곡교

예원 〈豫园〉

오늘 배울 문장은? ~하시겠어요?

1559년 명나라 반윤단이 아버지의 편안한 노후를 위해 18년 간의 공사 끝에 완공한 정원입니다. 여기서 豫는 즐겁고 기쁘다는 뜻이에요. 베이징의 이화원을 본떠서 만들었다고 하는데요. 과거 황제만 사용할 수 있는 용 문양을 담장에 조각했다 목숨을 잃을 뻔했다고 합니다. 예원에 가면 그 목숨을 내놓을뻔한 '용벽龙壁' 를 만날 수 있습니다. 긴 벽을 용이 타고 가는 모습이어서 반윤단이 황제에게 심문을 당했다고 합니다. 그는 황제에게 용은 발톱이 5개인데 자신의 용은 3개라며 용이 아니다라고 재치를 부려 살아났대요. 예원 가면 다들 한 번씩 보고 오니까 꼭 확인해보세요. 상하이는 세련된 높은 빌딩들이 많아서 때로는 중국 전통 느낌이 부족하단 생각을 받게 되는데요. 예원은 상하이에서 가장 유명한 명승고적지이기 때문에 상하이 여행의 또 다른 묘미를 줄 거예요.

미리보기

원어민의 음성을 들어보세요.

▶ china_21.mp3

이번 랜드마크에서는 어떤 대화를 하는지
먼저 살펴볼까요?

1
A : 티켓 사시겠어요?
B : 네, 한 장에 얼마인가요?

A : Yào bu yào mǎi ménpiào.
B : Yào de. duōshao qián yì zhāng.

2
A : 40위안입니다.
B : 학생증 있으면 할인되나요?

A : Sìshí kuài qián yì zhāng.
B : Yǒu xuéshēngzhèng kěyǐ dǎzhé ma?

3
A : 차가 이미 호텔 앞에서 기다리고 있습니다, 저희
바로 출발할 거예요. 오늘은 예원 갑니다.
B : 예원이 유명한 가든이죠.

A : Qìchē yǐ zài jiǔdiàn qiánmén děnghòu. ràng wǒmen
mǎshàng chūfā. jīntiān wǒmen qù Yùyuán.
B : Yùyuán shì yí ge hěn yǒumíng de huāyuán ba.

준비하기

오늘 학습할 주요 단어입니다.
먼저 단어를 학습한 이후 본문으로 넘어가세요.

🌺 하루 학습할 단어 분량이
요거~ 밖에 안 되네요.
확실하게 준비하세요.

- **学生证** xuéshēngzhèng
  학생증
- **打折** dǎzhé
  가격을 깎다, 디스카운트하다
- **等候** děnghòu 기다리다
- **让** ràng
  ~하게 하다, ~하도록 시키다

- **马上** mǎshàng
  곧, 즉시, 바로
- **花园** huāyuán 화원, 가든
- **医院** yīyuàn 병원
- **入境卡** rùjìngkǎ
  입국신고서, 입국카드
- **签证** qiānzhèng 비자

이제 여행을 떠나 볼까요?
앞서 준비한 단어와 함께 차근차근 각 단계별로 학습해보세요.

🌺 랜드마크에 한 걸음 한 걸음 다가갈 수 있습니다.

STEP 1. 중국어 반복 듣기

tip

정반 의문문
조동사 / 동사 / 형용사 등을 긍
정 부정 형식으로 나열하여 의문
문의 형태를 만들 수 있습니다.

- 你要去中国吗?
  你要不要去中国?
  중국 갈래요?

- 汉语难不难?
  汉语难吗?
  중국어 어렵나요?

- 你爸爸是不是老师?
  你爸爸是老师吗?
  너희 아버지가 선생님이시니?

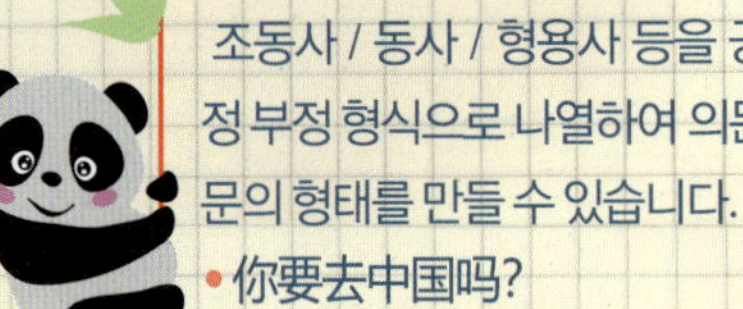

1

A: 要不要买门票?

B: 要的。多少钱一张?

2

A: 40块钱一张。

B: 有学生证可以打折吗?

3

A: 汽车已在酒店前门等
   候，让我们马上出发。
   今天我们去豫园。

B: 豫园是一个很有名的花
   园吧。

1

A： Yào bu yào mǎi ménpiào?

B： Yào de. duōshao qián yì zhāng?

2

A： Sìshí kuài qián yì zhāng.

B： Yǒu xuéshēngzhèng kěyǐ dǎzhé ma?

3

A： Qìchē yǐ zài jiǔdiàn qiánmén děnghòu, ràng wǒmen mǎshàng chūfā. jīntiān wǒmen qù Yùyuán.

B： Yùyuán shì yí ge hěn yǒumíng de huāyuán ba.

1

A： 티켓 사시겠어요?

B： 네, 한 장에 얼마인가요?

2

A： 40위안입니다.

B： 학생증 있으면 할인되나요?

3

A： 차가 이미 호텔 앞에서 기다리고 있습니다, 저희 바로 출발할 거예요. 오늘은 예원 갑니다.

B： 예원이 유명한 가든이죠.

랜드마크 여행의 추억을 오랫동안 기억하기 위해
여행 중에 인상 깊었던 내용을 반복합니다.

 아래의 QR코드로 영상을 보며
큰소리로 따라 말해보세요.

STEP 1. 중국어 반복 듣기

要不要~

- 要不要吃中国菜?

- 要不要去医院?

- 要不要写入境卡?

- 要不要办签证?

- 要不要走走?

Yào bu yào~

~하시겠어요?

- Yào bu yào chī Zhōngguócài?

- Yào bu yào qù yīyuàn?

- Yào bu yào xiě rùjìngkǎ?

- Yào bu yào bàn qiānzhèng?

- Yào bu yào zǒuzou?

- 중국음식 드시겠어요?

- 병원 가시겠어요?

- 입국카드 작성하시겠어요?

- 비자 발급하시겠어요?

- 좀 걸을까요?

22

구곡교 〈九曲桥〉

오늘 배울 문장은? ~하지 마세요.

예원이 상하이를 상징하는 랜드마크라면, 구곡교는 예원을 상징하는 랜드마크 중 하나입니다. 다리를 건너다보면 아홉 번 직각으로 꺾여서 구곡교라고 불리는데요. 구곡교의 전설은 몇 가지가 있습니다. 하나는 당대 세도가였던 반씨 집안에 의해 죽임을 당한 많은 사람들이 귀신이 되어 반씨 집을 노렸는데 이렇게 9번 꺾인 다리가 그 귀신들을 막기 위해서 라는 설도 있고요.(중국 귀신은 강시를 생각하면 되는데요. 강시는 앞만 보고 콩콩 뛰어오니까 꺾여있으면 따라오기 힘들겠죠.) 또 술을 좋아하시는 아버지께서 술 취하고 돌아올 때 한걸음 한걸음 조심하게 걸으라는 뜻도 담겨있다고 해요. 그리고 아홉 번 꺾이는 각도마다 각기 다른 풍경 감성의 편의를 위해서라는 말도 있는데요 다 그럴듯하 죠.

미리보기

이번 랜드마크에서는 어떤 대화를 하는지
먼저 살펴볼까요?

원어민의 음성을 들어보세요.

china_22.mp3

1

〈구곡교 올라가시는 분들 차례로 줄 서세요.〉
< Shàng jiǔqǔqiáo qǐng yīcì páiduì. >

2

A : 사람 아주 많아! 다리 건너는데도 줄을 서야 해.

B : 사람 너무 많다, 걸을 때 조심해.

A : 아이고, 밀지 마세요!!

A : Rén chāo duō! guò qiáo hái yào páiduì a.

B : Rén tài duō le. zǒu lù xiǎoxīn diǎn.

A : Āiyōu, bié jǐ le!

3

A : 상하이의 구곡교가 어디에 있는 거에요?

B : 예원 안에 있어요.

A : Shànghǎi de jiǔqǔqiáo zài nǎr?

B : Zài Yùyuán de lǐmiàn.

준비하기

오늘 학습할 주요 단어입니다.
먼저 단어를 학습한 이후 본문으로 넘어가세요.

 하루 학습할 단어 분량이
요거~ 밖에 안 되네요.
확실하게 준비하세요.

- **依次** yīcì
  순서에 따라, 차례대로

- **排队** páiduì
  순서대로 정렬하다, 줄을 서다

- **超** chāo
  보통이 넘다, 뛰어나다, 뛰어넘다
  라는 의미를 가지고 있는 단어인
  데 일본어 쵸가와이!(짱 귀엽다)
  라는 쵸의 발음과 비슷한 것을 따
  와서 부사로 형용사를 수식하면
  서 매우, 짱의 의미로 사용된다

- **小心** xiǎoxīn 조심하다

- **挤** jǐ
  비집다, 밀치다, 밀어 제치다

- **拿** ná
  잡다, 쥐다, 가지다, 얻다, 획득하다

- **碰** pèng
  부딪치다, 충돌하다, 만지다, 건드
  리다

이제 여행을 떠나 볼까요?
앞서 준비한 단어와 함께 차근차근 각 단계별로 학습해보세요.
🌺 랜드마크에 한 걸음 한 걸음 다가갈 수 있습니다.

STEP 1. 중국어 반복 듣기

tip

别~ 와 비슷한 표현으로는 不要~ 가 있습니다.
' 아무래도 ~하지 말아라 ' 라는 명령의 어감이 담겨있어서 위 사람에게는 자주 사용하지는 않아요.
别~了 라고 뒤에 了 를 넣어서 사용하기도 합니다. ' 이제 더 이상 ~하지말아라 ' 라는 의미가 내포돼 있어요.
문어체로 금지를 표시할 때는 请勿~ (~하지 마시오.)로 쓰입니다.
• 请勿乱碰.
  함부로 만지지 마시오.
• 请勿拍照
  사진 촬영 금지
여행 다니다 보면 이런 문구를 종종 볼 수 있을거 예요. '~을 하지 말라' 는 뜻이니 请勿 뒤에 나오는 행동은 하지 마셔야겠죠?

1

<上九曲桥请依次排队。>

2

A: 人超多！过桥还要排队啊。

B: 人太多了，走路小心点。

A: 哎呦，别挤了！

3

A: 上海的九曲桥在哪儿?

B: 在豫园的里面。

<table>
<tr><td>

1

< Shàng jiǔqūqiáo qǐng yīcì páiduì. >

2

A: Rén chāo duō! guò qiáo Hái yào páiduì a.

B: Rén tài duō le. zǒu lù xiǎoxīn diǎn.

A: Āiyōu, bié jǐ le!

3

A: Shànghǎi de jiǔqǔqiáo zài nǎr?

B: Zài Yùyuán de lǐmiàn.

</td><td>

1

〈 구곡교 올라가시는 분들 차례로 줄 서세요. 〉

2

A: 사람 아주 많아! 다리 건너는데도 줄을 서야 해.

B: 사람 너무 많다. 걸을 때 조심해.

A: 아이고, 밀지 마세요!

3

A: 상하이의 구곡교가 어디에 있는 거에요?

B: 예원 안에 있어요.

</td></tr>
</table>

랜드마크 여행의 추억을 오랫동안 기억하기 위해
여행 중에 인상 깊었던 내용을 반복합니다.

STEP 1. 중국어 반복 듣기

아래의 QR코드로 영상을 보며
큰소리로 따라 말해보세요.

别~

- **别**这样。

- **别**拿走。

- **别**碰我。

- **别**拍照。

- **别**说话。

Bié~	**~하지 마세요.**

• Bié zhèyàng.	• 이렇게 하지 마세요.
• Bié ná zǒu.	• 가져가지 마세요.
• Bié pèng wǒ.	• 건들지 마세요.
• Bié pāizhào.	• 사진 찍지 마세요.
• Bié shuōhuà.	• 말하지 마세요.

23

예원상가거리 〈豫园商城〉

오늘 배울 문장은? (바로) ~이다.

위위안의 주변에 상하이의 오래된 주택과 상가들로 독특한 느낌을 주는 곳이에요. 청나라로의 여행을 떠나는 듯한 느낌을 주죠. 이 주변의 상가나 문화거리는 상하이 여행객이라면 꼭 들리는 곳 중 하나인데요. 근처에서 상하이 기념품을 사거나 전통 음식들을 맛보는 여행객들도 많습니다.

● 꼭! 먹어보세요 ●

南翔馒头店 난시앙 만두전문점

상하이를 대표하는 먹을거리가 바로 소룡포입니다.
예원에 상하이에서 가장 유명한 가게인데요. 이곳 만두는 껍질이 얇고 속 국물이 신선하고 고기가 부드럽다 하여 상하이 사람들도 줄을 서서 먹습니다.

 원어민의 음성을 들어보세요.

china_23.mp3

이번 랜드마크에서는 어떤 대화를 하는지
먼저 살펴볼까요?

1

A : 예원 상가거리 가는데, 10호선 예원 역에서 어느
   출구로 나가는 게 제일 가까워?

B : 10호선 예원 역 총 4개 출구가 있는데, 제일 가
   까운 건 1번 출구로 나가는 거야.

A : Qù yùyuán shāngchéng, shí hàoxiàn yùyuán zhàn cóng nǎ
   ge chūkǒu zuì jìn?

B : Shí hàoxiàn yùyuánzhàn yígòng yǒu sì ge chū kǒu, zuì jìn
   de jiù shì yī hào chū kǒu.

2

A : 고마워.

B : 별말씀을.

A : Xièxie nǐ.

B : Bú yòng xiè.

3

A : 난시앙 만두집, 진작에 얘기 들었는데. 오늘 드디
   어 와서 먹는다!

B : 맛 진짜 괜찮다. 제일 추천할만한 건 바로 소룡
   포네.

A : Nánxiáng mántóudiàn, zǎo jiù yǒusuǒ ěrwén. jīntiān jiù lái
   chī le!

B : Wèidào zhēn búcuò. zuì tuījiàn de jiù shì xiǎolóngbāo.

오늘 학습할 주요 단어입니다.
먼저 단어를 학습한 이후 본문으로 넘어가세요.

하루 학습할 단어 분량이
요거~ 밖에 안 되네요.
확실하게 준비하세요.

- **一共** yígòng 모두, 전부
- **馒头** mántou
1. (소를 넣지 않고 밀가루만을 발
   효시켜 만든 것)만터우. 찐빵
2. (소가 들어 있는)만두. 바오쯔(包子)

- **有所耳闻** yǒusuǒ ěrwén
  들은 바가 있다, 소문을 들었다
- **相信** xiāngxìn
  믿다, 신임하다

이제 여행을 떠나 볼까요?
앞서 준비한 단어와 함께 차근차근 각 단계별로 학습해보세요.

랜드마크에 한 걸음 한 걸음 다가갈 수 있습니다.

tip

就是을 단독으로 쓰면 '그래, 맞아'의 동의로도 쓰이고요. 이렇게 부사로 문장 안에서 사용될 때는 就是 뒤에 강한 긍정표현, 단호하고 확정적인 표현을 나타냅니다.

STEP 1. 중국어 반복 듣기

1

A: 去豫园商城，10号线豫园站从哪个出口最近？

B: 10号线豫园站一共有4个出口，最近的就是1号出口。

2

A: 谢谢你。

B: 不用谢。

3

A: 南翔馒头店，早就有所耳闻。今天就来吃了！

B: 味道真不错，最推荐的就是小笼包。

STEP 2. 병음 보고 말해보기

1

A: Qù yùyuán shāngchéng, shí hàoxiàn yùyuán zhàn cóng nǎ ge chūkǒu zuì jìn?

B: Shí hàoxiàn yùyuánzhàn yígòng yǒu sì ge chū kǒu, zuì jìn de jiù shì yī hào chū kǒu.

2

A: Xièxie nǐ.

B: Bú yòng xiè..

3

A: Nánxiáng mántóudiàn, zǎo jiù yǒusuǒ ěrwén. jīntiān jiù lái chī le!

B: Wèidào zhēn búcuò. zuì tuījiàn de jiù shì xiǎolóngbāo.

STEP 3. 우리말을 보고 중국어로 말해보기

1

A: 예원 상가거리 가는데, 10호선 예원 역에서 어느 출구로 나가는 게 제일 가까워?

B: 10호선 예원 역 총 4개 출구가 있는데, 제일 가까운 건 1번 출구로 나가는 거야.

2

A: 고마워.

B: 별말씀을..

3

A: 난시앙 만두집, 진작에 얘기 들었는데. 오늘 드디어 와서 먹는다!

B: 맛 진짜 괜찮다. 제일 추천할만한 건 바로 소룡포네.

랜드마크 여행의 추억을 오랫동안 기억하기 위해
여행 중에 인상 깊었던 내용을 반복합니다.

아래의 QR코드로 영상을 보며
큰소리로 따라 말해보세요.

就是~

· 就是你说的。

· 就是我们学校。

· 就是她不同意。

· 就是我不喜欢。

· 就是你不相信。

 (바로) ~이다.

Jiù shì~

(바로) ~이다.

- Jiù shì nǐ shuō de.

- Jiù shì wǒmen xuéxiào.

- Jiù shì tā bù tóngyì.

- Jiù shì wǒ bù xǐhuan.

- Jiù shì nǐ bù xiāngxìn.

- 바로 네가 말한 거야.

- 바로 우리 학교야.

- 바로 그녀만 동의를 안 했어.

- 바로 내가 싫은 거야.

- 바로 네가 안 믿는 거야.

24 남경로 〈南京路步行街〉

오늘 배울 문장은? **이 근처에 ~이 있나요?**

인민광장에서 난징동루 방향으로 넘어오면 보행거리가 시작됩니다. 와이탄 뒤쪽에 자리한 이곳은 150년의 역사 동안 최고의 쇼핑거리라는 영예를 안고 있어요. 저녁에 가면 일제히 켜져 있는 입간판의 화려함에 깜짝 놀라실 거예요. 이곳은 상하이에서 가장 유서가 깊은 백화점도 있답니다. 약 1km 정도 되는 거리를 걷기 힘드시다면 천천히 움직이는 관광열차(편도요금 : 약 5위안 정도)가 있으니 타고 천천히 둘러보시는 것도 좋아요.

이번 랜드마크에서는 어떤 대화를 하는지
먼저 살펴볼까요?

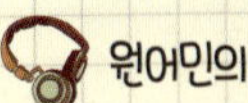

원어민의 음성을 들어보세요.

china_24.mp3

1

A : 나 릴리안 에그타르트 사고 싶어. 그게 상하이에서 제일 맛있는 에그타르트라며, 어디서 파는지 너무 알고 싶다.

B : 릴리안 에그타르트 샵 상하이 여러 곳에 있어.

A : Wǒ xiǎng mǎi lìlián dàntà. tīng shuō tā shì Shànghǎi zuì hǎochī de dàntà, hěn xiǎng zhīdào nǎbiān yǒu de mài.

B : Lìlián dàntà zài Shànghǎi yǒu hǎo duō diàn.

2

A : 남경로 근처에도 있어?

B : 있어.

A : Nánjīnglù fùjìn yě yǒu ma?

B : Yǒu de.

3

A : 이 근처에 기념품샵이 있나요?

B : 남경로 보행자 거리 쪽에 전통 있는 가게들 많아요. 가보세요.

A : Zhè fùjìn yǒu jìniànpǐndiàn ma?

B : Nánjīnglù bùxíngjiē yǒu hěn duō lǎozìhào. nǐ qù kànkan.

오늘 학습할 주요 단어입니다.
먼저 단어를 학습한 이후 본문으로 넘어가세요.

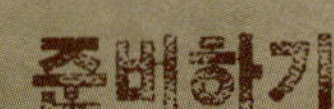

하루 학습할 단어 분량이 요거~ 밖에 안 되네요. 확실하게 준비하세요.

- 蛋挞 dàntà 에그타르트
- 店 diàn 상점, 가게, 샵
- 纪念品 jìniànpǐn 기념품
- 步行街 bùxíngjiē 보행자 전용도로
- 老字号 lǎozìhào 대대로 내려오는 전통 있는 가게

- 百货商店 bǎihuòshāngdiàn 백화점
- 超市 chāoshì 슈퍼
- 电影院 diànyǐngyuàn 영화관
- 洗手间 xǐshǒujiān 화장실

이제 여행을 떠나 볼까요?
앞서 준비한 단어와 함께 차근차근 각 단계별로 학습해보세요.

 랜드마크에 한 걸음 한 걸음 다가갈 수 있습니다.

STEP 1. 중국어 반복 듣기

tip

老字号는 중국 정부가 100년 이상의 오랜 역사를 가지고 있는 전통 기업 이름이나 가게, 브랜드에 부여하는 상표라고 보면 되는데요. 우리가 흔히 알고 있는 칭따오맥주(青岛啤酒)나 청심환으로 유명한 동인당(同仁堂), 만두로 유명한 도일처(都一处), 북경오리로 유명한 전취덕(全聚德) 등이 모두 라오즈하오에 속합니다.

1

A: 我想买莉莲蛋挞。听说它是上海最好吃的蛋挞，很想知道哪边有得卖。

B: 莉莲蛋挞在上海有好多店。

2

A: 南京路附近也有吗？

B: 有的。

3

A: 这附近有纪念品店吗？

B: 南京路步行街有很多老字号，你去看看。

<table>
<tr>
<td></td>
<td></td>
</tr>
</table>

1

A: Wǒ xiǎng mǎi lìlián dàntà. tīng shuō tā shì Shànghǎi zuì hǎochī de dàntà, hěn xiǎng zhīdào nǎbiān yǒu de mài.

B: Lìlián dàntà zài Shànghǎi yǒu hǎo duō diàn.

2

A: Nánjīnglù fùjìn yě yǒu ma?

B: Yǒu de.

3

A: Zhè fùjìn yǒu jìniànpǐndiàn ma?

B: Nánjīnglù bùxíngjiē yǒu hěn duō lǎozìhào, nǐ qù kànkan.

1

A: 나 릴리안 에그타르트 사고 싶어. 그게 상하이에서 제일 맛있는 에그타르트라며, 어디서 파는지 너무 알고 싶다.

B: 릴리안 에그타르트 샵 상하이 여러 곳에 있어.

2

A: 남경로 근처에도 있어?

B: 있어.

3

A: 이 근처에 기념품샵이 있나요?

B: 남경로 보행자 거리 쪽에 전통 있는 가게들 많아요. 가보세요.

랜드마크 여행의 추억을 오랫동안 기억하기 위해
여행 중에 인상 깊었던 내용을 반복합니다.

 아래의 QR코드로 영상을 보며
큰소리로 따라 말해보세요.

STEP 1. 중국어 반복 듣기

这附近有~吗?

- 这附近有地铁站吗?

- 这附近有百货商店吗?

- 这附近有超市吗?

- 这附近有电影院吗?

- 这附近有洗手间吗?

Zhè fùjìn yǒu ~ma?

- Zhè fùjìn yǒu dìtiězhàn ma?
- Zhè fùjìn yǒu bǎihuòshāngdiàn ma?
- Zhè fùjìn yǒu chāoshì ma?
- Zhè fùjìn yǒu diànyǐngyuàn ma?
- Zhè fùjìn yǒu xǐshǒujiān ma?

이 근처에 ~이 있나요?

- 이 근처에 지하철역이 있나요?
- 이 근처에 백화점이 있나요?
- 이 근처에 슈퍼가 있나요?
- 이 근처에 영화관이 있나요?
- 이 근처에 화장실이 있나요?

25 와이탄 〈外灘〉

오늘 배울 문장은? **언제~?**

상하이 여행에서 가장 중요한 곳이라고 할 수 있어요. 영어로는 THE BUND라고 하는데요 이는 진흙 강변의 제방을 일컫는 인도 영어에서 유래됐다고 합니다. 외이탄에 가면 길게 뻗은 서구식 건물이 있고 그 야경이 너무나도 로맨틱해서 '동방의 파리' 라는 말이 손색없을 정도입니다. 동방명주 탑과는 황포강을 중심으로 마주 보고 있어요. 동서양의 만남, 화려한 야경 등이 여행객들을 끌어들이는 요소인듯해요. 와이탄 건물 안에는 세계적인 수준의 레스토랑들과 바, 커피숍 등이 즐비하니 꼭 한번 가보시길 권해드립니다.

이번 랜드마크에서는 어떤 대화를 하는지
먼저 살펴볼까요?

 원어민의 음성을 들어보세요.

china_25.mp3

1

A : 상하이에 살았었다며?

B : 응, 무슨 일 있어?

A : Tīng shuō nǐ yǐqián zhùguo Shànghǎi?

B : Shìde, zěnmele?

2

A : 이번 주말에 상하이 가는데, 놀러 갈 만한 곳 있을까?

B : 와이탄 가봐. 야경 참 예쁘더라.

A : Wǒ zhè zhōumò qù Shànghǎi, kěyǐ qù nǎlǐ wán ne?

B : Qù Wàitān ba, yèjǐng hěn měi.

3

A : 와이탄은 언제 불이 켜지나요?

B : 여름에는 저녁 7시–11시, 겨울에는 5시–9시요.

A : Wàitān shénme shíhou kāidēng?

B : Xiàtiān shì wǎnshang qī diǎn dào shíyīdiǎn dōngtiān dehuà wǎnshang wǔ diǎn dào jiǔ diǎn.

오늘 학습할 주요 단어입니다.
먼저 단어를 학습한 이후 본문으로 넘어가세요.

 하루 학습할 단어 분량이
요거~ 밖에 안 되네요.
확실하게 준비하세요.

- **以前** yǐqián 과거, 예전, 이전
- **怎么了** zěnmele
  무슨 일이야, 어떻게 된 거야
- **周末** zhōumò 주말
- **夏天** xiàtiān 여름
- **冬天** dōngtiān 겨울
- **点菜** diǎn cài 음식 주문하다
- **工作** gōngzuò
  일, 작업, 일하다

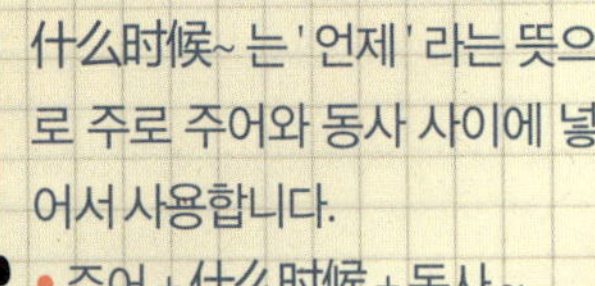

이제 여행을 떠나 볼까요?
앞서 준비한 단어와 함께 차근차근 각 단계별로 학습해보세요.
 랜드마크에 한 걸음 한 걸음 다가갈 수 있습니다.

tip

什么时候~ 는 '언제' 라는 뜻으로 주로 주어와 동사 사이에 넣어서 사용합니다.
• 주어 + 什么时候 + 동사 ~
- 你什么时候回国?
  너 언제 귀국해?
- 你什么时候来韩国?
  너 언제 한국 올거야?

1

A: 听说你以前住过上海?

B: 是的，怎么了?

2

A: 我这周末去上海，可以去哪里玩呢?

B: 去外滩吧。夜景很美。

3

A: 外滩什么时候开灯?

B: 夏天是晚上7点到11点，冬天的话晚上5点到9点。

1

A: Tīng shuō nǐ yǐqián zhùguo Shànghǎi?

B: Shìde, zěnmele?

2

A: Wǒ zhè zhōumò qù Shànghǎi, kěyǐ qù nǎlǐ wán ne?

B: Qù Wàitān ba. yèjǐng hěn měi.

3

A: Wàitān shénme shíhou kāidēng?

B: Xiàtiān shì wǎnshang qī diǎn dào shíyīdiǎn dōngtiān dehuà, wǎnshang wǔ diǎn dào jiǔ diǎn.

1

A: 상하이에 살았었다며?

B: 응, 무슨 일 있어?

2

A: 이번 주말에 상하이 가는데, 놀러 갈 만한 곳 있을까?

B: 와이탄 가봐. 야경 참 예쁘더라.

3

A: 와이탄은 언제 불이 켜지나요?

B: 여름에는 저녁 7시–11시, 겨울에는 5시–9시요.

랜드마크 여행의 추억을 오랫동안 기억하기 위해
여행 중에 인상 깊었던 내용을 반복합니다.

 아래의 QR코드로 영상을 보며
큰소리로 따라 말해보세요.

什么时候~?

- 什么时候结束?

- 什么时候去中国?

- 你什么时候方便来?

- 我们点的菜什么时候来?

- 你是什么时候开始工作的?

shénme shíhou~?

- **Shénme shíhou** jiéshù?

- **Shénme shíhou** qù Zhōngguó?

- Nǐ **shénme shíhou** fāngbiàn lái?

- Wǒmen diǎn de cài **shénme shíhou** lái?

- Nǐ shì **shénme shíhou** kāishǐ gōngzuò de?

언제~?

- **언제** 끝나나요?

- **언제** 중국 가나요?

- **언제**가 오시기 편하세요?

- 저희가 주문한 음식 **언제**쯤 나오나요?

- 너는 **언제** 일 시작하니?

26

와이탄3호 〈外滩三号〉

오늘 배울 문장은? ~할 때

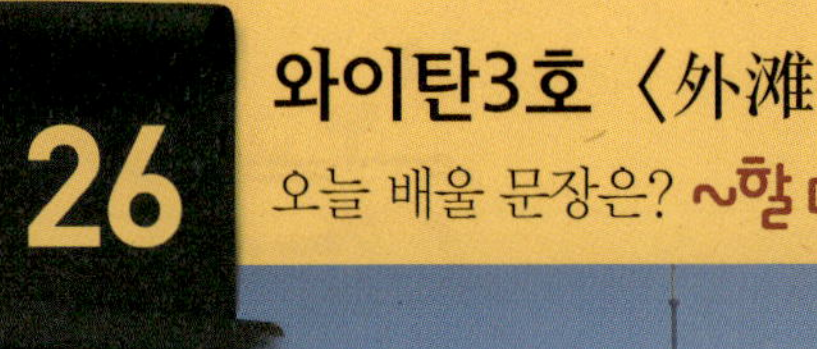

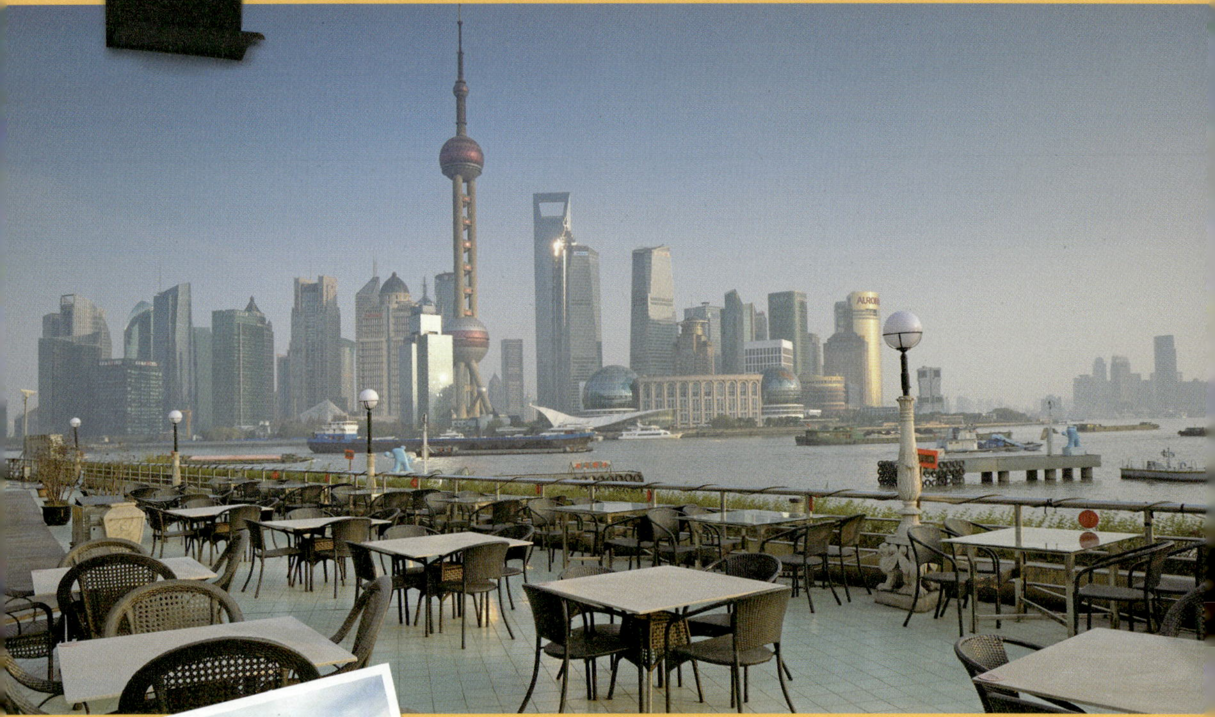

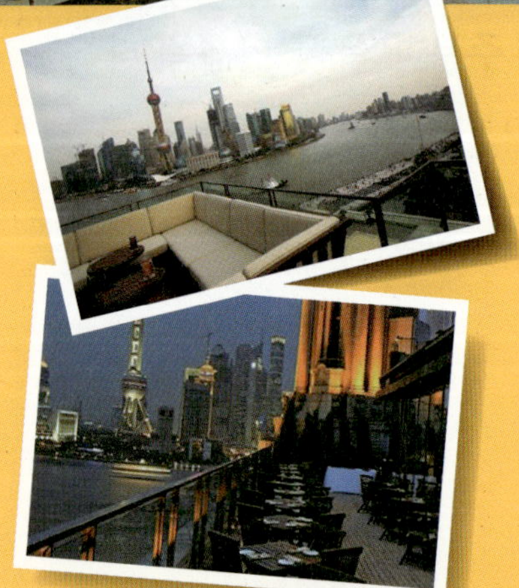

와이탄 3호는 1916년 건설된 7층짜리의 건물로 동서양, 고금의 조화가 잘 이뤄졌다는 평을 받고 있습니다. 와이탄의 상업화를 이끈 대표적인 건물이기도 한데요. 이곳에 최고급 레스토랑과 부티크를 유치했습니다. 미슐랭 가이드 3 스타인 장 조지 레스토랑 메르카토부터 뉴 하이츠 레스토랑까지 와이탄과 푸동의 전망을 마음껏 즐길 수 있습니다. 메르카토의 경우 런치 메뉴와 디너 메뉴가 다르기 때문에 인터넷을 통해 한번 메뉴 확인해보고 가는 것도 좋을 것 같아요.

주소: 上海 黄浦区 中山东一路3号

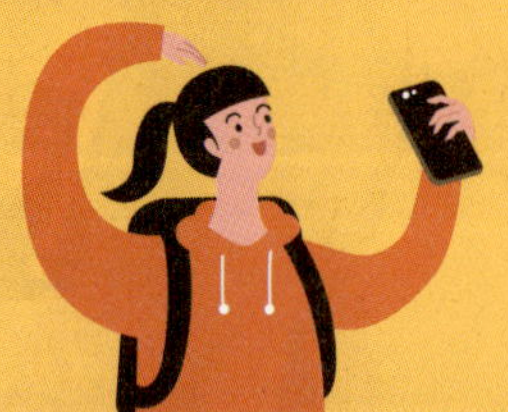

미리보기

이번 랜드마크에서는 어떤 대화를 하는지
먼저 살펴볼까요?

 원어민의 음성을 들어보세요.

china_26.mp3

1

A : 오늘 저녁 7시 반에 식사 예약하고 싶은데요.

B : 몇 분이시죠?

A : Wǒ xiǎng yùdìng jīntiān wǎnshang qī diǎn bàn yòngcān.

B : Nín jǐ wèi?

2

A : 4명이요.

B : 죄송해요. 그 시간대는 자리가 없네요. 만석입니다.

A : Sì ge rén.

B : Bùhǎoyìsi, nà ge shíjiān méi wèi. kè mǎn le.

3

A : 여기는 낮에 가야 해 아니면 저녁에 가야 해?

B : 저녁이지, 밥 먹을 때 야경을 볼 수 있거든..

A : Zhè li shì báitiān qù háishi wǎnshang qù hǎo?

B : Wǎshang ba, chīfàn deshíhou kěyǐ kànkan yèjǐng..

준비하기 

오늘 학습할 주요 단어입니다.
먼저 단어를 학습한 이후 본문으로 넘어가세요.

하루 학습할 단어 분량이
요거~ 밖에 안 되네요.
확실하게 준비하세요.

- 预定 yùdìng
  예약하다, 미리 약속하다
- 用餐 yòngcān
  식사하다, 밥을 먹다
- 位 wèi
  (사람을 세는 양사) ~분, ~명
- 客满 kè mǎn 만원이다

- 白天 báitiān 낮, 대낮
- 忙 máng 바쁘다
- 下班 xiàbān 퇴근하다
- 说话 shuōhuà
  말하다, 이야기하다

이제 여행을 떠나 볼까요?
앞서 준비한 단어와 함께 차근차근 각 단계별로 학습해보세요.

🌺 랜드마크에 한 걸음 한 걸음 다가갈 수 있습니다.

STEP 1. 중국어 반복 듣기

tip

~时

'~할 때'라는 뜻인데요. 둘 다 같은 표현입니다. 하지만 주의하셔야 할 부분은 的를 사용하면 반드시 뒤에 时候가 나와야 하고 的를 사용하지 않을 땐 时만 사용할 수 있어요. ~时候는 틀린 표현이랍니다.

• 有空的时候，来韩国玩儿吧。
  시간 날 때, 한국 놀러와.

1

A: 我想预定今天晚上7点半用餐。

B: 您几位?

2

A: 4个人。

B: 不好意思，那个时间没位，客满了。

3

A: 这里是白天去还是晚上去好?

B: 晚上吧，吃饭的时候可以看看夜景。

1

A: Wǒ xiǎng yùdìng jīntiān wǎnshang qī diǎn bàn yòngcān.

B: Nín jǐ wèi?

2

A: Sì ge rén.

B: Bùhǎoyìsi, nà ge shíjiān méi wèi, kè mǎn le.

3

A: Zhè li shì báitiān qù háishi wǎnshang qù hǎo?

B: Wǎshang ba, chīfàn deshíhou kěyǐ kànkan yèjǐng..

1

A: 오늘 저녁 7시 반에 식사 예약하고 싶은데요.

B: 몇 분이시죠?

2

A: 4명이요.

B: 죄송해요. 그 시간대는 자리가 없네요. 만석입니다.

3

A: 여기는 낮에 가야 해 아니면 저녁에 가야 해?

B: 저녁이지. 밥 먹을 때 야경을 볼 수 있거든..

아래의 QR코드로 영상을 보며
큰소리로 따라 말해보세요.

랜드마크 여행의 추억을 오랫동안 기억하기 위해
여행 중에 인상 깊었던 내용을 반복합니다.

~的时候

- 小的时候

- 忙的时候

- 工作的时候

- 下班的时候

- 说话的时候

<table>
<tr><td></td><td></td></tr>
</table>

~deshíhou	~할 때
• Xiǎo deshíhou	• 어렸을 때
• Máng deshíhou	• 바쁠 때
• Gōngzuò deshíhou	• 일할 때
• Xiàbān deshíhou	• 퇴근할 때
• Shuōhuà deshíhou	• 말할 때

20-30대가 많이 쓰는 생생한 중국어 II

不明觉厉。   뭔 말인지 모르겠지만 님 좀 짱인 듯.
Bùmíngjuélì.

虽然不明白, 但是觉得很厉害。 말 그대로 비록 무슨 말인지는 모르지만 대단한 것처럼 느껴진다라는 말을 줄여놓은 표현이에요.

很赞!   엄지 척!
Hěn zàn!

赞 이 원래 '칭찬하다' 라는 뜻인데요 엄지를 누르는 SNS 상에서 赞이라고 표시하면서 很赞이 엄지 척! 의 개념이 되었답니다.

好像身体被掏空。   나 기가 다 빨린 것 같아.
Hǎo xiàng shēntǐ bèi tāo kōng.

掏空 은 파내다掏+비다空 라는 합성어로 '바닥나다, 털렸다' 의 뜻인데요. 요즘은 현대인들이 너무 바쁘고 힘들다 보니 정신력이나 체력이 털려서 몸의 기력이 탕진했을 때 쓰는 말입니다. 몸과 정신이 다 털렸다. 기가 다 빨린 것 같을 때 사용합니다.

小鲜肉   베이글남
Xiǎo xiān ròu

暖男   훈남
Nuǎn nán

颜值很高

비쥬얼 갑 (남, 녀 모두 사용 가능)

Yán zhí hěn gāo

颜值은 얼굴, 비쥬얼이라는 뜻이고 值는 수치, 지수의 의미인데요.
외모 지수가 높다. 즉, 비쥬얼 갑이다 잘생기고 예쁜사 람들에게 사용하는 말입니다.
이 말이 유행하자 곧 등장한 단어가 있는데요. 바로 颜值爆表 bàobiǎo이라는 표현입니다. 여기서 爆表는 계량기가 폭발했다는 뜻입니다. 계량기가 그 수치를 넘어서 폭발할 만큼 최고의 수준을 넘었다. '우월하다, 출중하다' 라는 뜻입니다. 이렇듯 완전 그냥 너무 비주얼이 말도 안 되는 사람들에게 쓰는 말이라 할 수 있어요.

我明天要去香港买买买哦。

내일 홍콩 가서 사! 사! 사! 다 살 거야.

Wǒ míngtiān yào qù xiānggǎng mǎi mǎi mǎi o.

真给力!

진짜 짱! (대박)

Zhēn gěilì!

给力 는 원래는 '서유기'의 중문 더빙판에서 손오공의 대사 '최고다', '강하다'라는 뜻으로 나왔던 표현인데요. 언젠가부터 인터넷 상에서 대박, 짱의 의미로 사용이 되고 있습니다.
송중기 씨가 중국의 대표 예능프로그램에 나가서 '真给力' 라고 말했는데 중국의 국민 MC가 웃으면서 '저는 송중기씨가 2년 전 유행했던 유행어를 써도 그냥 너무 좋아요 감동이에요.' 라고 해서 많은 사람들이 웃었던 기억이 나네요.

你开心就好。

네가 기쁘면 됐어.

Nǐ kāi xīn jiù hǎo.

랜드마크 중국 여행
상하이(上海) 둘째날
大韓民國

27 신톈디
30 쓰난맨션
28 대한민국 임시정부 유적지
31 화이하이루
29 티엔즈팡
政府旧址

신톈디 〈新天地〉

오늘 배울 문장은? ~할(일) 거예요.

전통과 현대가 공존하는 곳입니다. 이곳에서는 스쿠먼 (石庫门)이라는 1920년대 중국에서 유행한 중국과 서양의 건축이 혼재된 독특한 건축양식을 만나실 수가 있는데요. 옛 문화를 보존하기 위해 건물들을 보호하면서 점차 그 건물에 스타일리쉬한 상점, 레스토랑, 커피숍 등이 들어서게 되고 지금은 상하이를 대표하는 거리 중 하나가 되었습니다. 파인 다이닝을 만나실 수 있는 곳이라 여행객들뿐만 아니라 중국사람들도 항상 찾는 거리입니다. 저는 여기 갈 때마다 중국 연예인이나 방송인들을 만나는 것 같아요. 세련된 유럽풍 거리와 다양한 문화공간이 위치하고 있어서 상하이 여행을 계획하고 계신다면 꼭 한번 가볼만한 곳입니다.

이번 랜드마크에서는 어떤 대화를 하는지
먼저 살펴볼까요?

 원어민의 음성을 들어보세요.

china_27.mp3

1

A : 신톈디에 놀만 한 게 뭐 있어?

B : 신톈디가 좀 고급진 곳이거든. 여러 커피숍, 라운지 바, 레스토랑 같은 거 있어.

A : Xīntiāndì yǒu shénme hǎowán de?

B : Xīntiāndì shì bǐjiào gāodàshàng de dìfang yǒu gèzhǒng kāfēitīng jiǔbā cāntīng děng.

2

A : 내 친구가 상하이 왔거든, 친구 데리고 가려고.

B : 상하이에서 유명한 곳이야. 친구가 좋아할 거야.

A : Wǒ péngyou lái Shànghǎi, dǎsuàn dài péngyou qù wán de.

B : Shì Shànghǎi hěn chūmíng de dìfang. tā huì hěn xǐhuan de.

3

A : 여기 진짜 최고인데.

B : 응. 신톈디가 상하이 패션 트렌드의 랜드마크 같은 곳이야.

A : Zhè li quèshí hěnbàng.

B : Shì a. Xīntiāndì jiù shì Shànghǎi shíshàng de dìbiāo a.

오늘 학습할 주요 단어입니다.
먼저 단어를 학습한 이후 본문으로 넘어가세요.

하루 학습할 단어 분량이
요거~ 밖에 안 되네요.
확실하게 준비하세요.

- **地方** dìfang 곳, 장소
- **咖啡厅** kāfēitīng 커피숍
- **出名** chūmíng 유명하다, 이름이 나다
- **确实** quèshí 확실히, 절대로, 틀림없이
- **时尚** shíshàng 트렌드, 패션
- **努力** nǔ lì 노력하다, 힘쓰다, 열심히 하다
- **后悔** hòuhuǐ 후회하다
- **累** lèi 지치다, 피곤하다
- **帮助** bāngzhù 돕다

이제 여행을 떠나 볼까요?
앞서 준비한 단어와 함께 차근차근 각 단계별로 학습해보세요.

 랜드마크에 한 걸음 한 걸음 다가갈 수 있습니다.

STEP 1. 중국어 반복 듣기

tip

高大上 gāodàshàng '고급의(高端), 당당한(大气), 품위 있는(上档次)' 을 의미하는 말들을 축약한 신조어입니다. '고급 지다. 럭셔리하다' 라는 의미를 지니고 있습니다.

• 这里感觉真的是高大上。
  여기 느낌이 진짜 고급 지다.

1

A: 新天地有什么好玩的？

B: 新天地是比较高大上的地方.有各种咖啡厅、酒吧、餐厅等。

2

A: 我朋友来上海,打算带朋友去玩的。

B: 是上海很出名的地方.她会很喜欢的。

3

A: 这里确实很棒。

B: 是啊。新天地就是上海时尚的地标啊。

1

A: Xīntiāndì yǒu shénme hǎowán de?

B: Xīntiāndì shì bǐjiào gāodàshàng de dìfang yǒu gèzhǒng kāfēitīng jiǔbā cāntīng děng.

2

A: Wǒ péngyou lái Shànghǎi, dǎsuàn dài péngyou qù wán de.

B: Shì Shànghǎi hěn chūmíng de dìfang. tā huì hěn xǐhuan de.

3

A: Zhè li quèshí hěnbàng.

B: Shì a. Xīntiāndì jiù shì Shànghǎi shíshàng de dìbiāo a.

1

A: 신톈디에 놀만 한 게 뭐 있어?

B: 신톈디가 좀 고급진 곳이거든. 여러 커피숍, 라운지 바, 레스토랑 같은 거 있어.

2

A: 내 친구가 상하이 왔거든, 친구 데리고 가려고.

B: 상하이에서 유명한 곳이야. 친구가 좋아할 거야.

3

A: 여기 진짜 최고인데.

B: 응. 신톈디가 상하이 패션 트렌드의 랜드마크 같은 곳이야.

랜드마크 여행의 추억을 오랫동안 기억하기 위해
여행 중에 인상 깊었던 내용을 반복합니다.

아래의 QR코드로 영상을 보며
큰소리로 따라 말해보세요.

STEP 1. 중국어 반복 듣기

会~的。

· 我**会**努力**的**。

· 我**会**越来越好**的**。

· 他**会**后悔**的**。

· 你**会**很累**的**。

· 他**会**帮助你**的**。

huì~ de.

~할(일) 거예요.

- Wǒ huì nǔlì de.

- Wǒ huì yuèláiyuè hǎo de.

- Tā huì hòuhuǐ de.

- Nǐ huì hěn lèi de.

- Tā huì bāngzhù nǐ de.

- 저는 노력할 거예요.

- 저는 점점 좋아질 거예요.

- 그는 후회할 거예요.

- 당신은 힘들 거예요.

- 그가 널 도와줄 거예요.

28

대한민국 임시정부 유적지 〈大韩民国临时政府旧址〉

오늘 배울 문장은? **~하려고요/~할 거예요.**

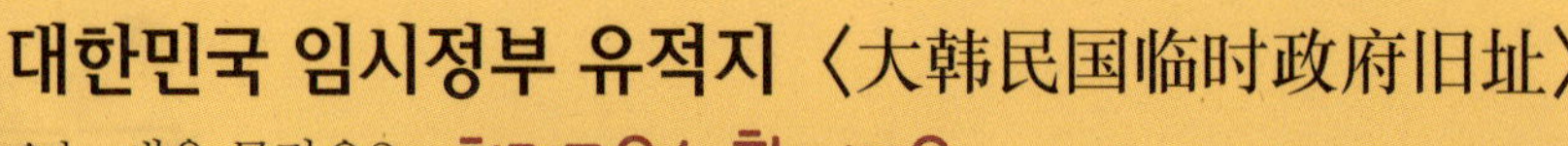

대한민국 임시정부 청사는 马当路에 있어요. 바로 옆이 신톈디입니다. 그래서 많은 사람들이 대한민국 임시정부 보고 신톈디에 가서 식사를 하거나 둘러보는 등의 여행코스를 잡는답니다. 지금 남아있는 건물은 3층 벽 돌집으로 1926년 윤봉길 의사의 의거가 있었던 1932년 직후까지 청사로 사용하던 곳이에요. 임시정부청사는 당시 프랑스 조계지 안에 있었는데 이곳은 프랑스의 사법과 행정력, 경찰력이 지배했기 때문에 일본이 마음대로 독립투사들을 체포하거나 감금할 수가 없었기 때문입니다. 한국인이라면 상하이에 와서 한 번쯤 가볼 만한 의미 있는 곳이라고 생각합니다.

• 주소 : 上海市黄浦区马当路306弄4号

이번 랜드마크에서는 어떤 대화를 하는지
먼저 살펴볼까요?

원어민의 음성을 들어보세요.

china_28.mp3

1

A : 대한민국 임시정부 유적지는 몇 시부터 개방하
나요?

B : 오전 9시부터 오후 4시 반까지요. 가시게요?

A : Dàhánmínguó línshí zhèngfǔ jiùzhǐ kāifàng shíjiān shì
shénme shíhou?

B : Shàngwǔ jiǔ diǎn dào xiàwǔ sì diǎn bàn, nǐ qù ma?

2

A : 내일 딱 시간이 비어서, 한번 가보게요.

B : 오전 11시 반부터 오후 1시까지는 잠시 문 닫고
쉬거든요.

A : Zhènghǎo míngtiān yǒu kòng, wǒ yào qù kànkan.

B : Shàng wǔ shíyī diǎn bàn dào xiàwǔ yī diǎn bìguǎn xiūxi o.

3

A : 여기 한국인 관광객 많다.

B : 여기는 한국인이 상하이 여행 왔을 때 놓치면 안
되는 곳이거든.

A : Zhè li yǒu hěn duō Hánguó yóukè.

B : Zhè li shì Hánguórén lái Shànghǎi lǚyóu bù néng cuòguò
de dìfang.

오늘 학습할 주요 단어입니다.
먼저 단어를 학습한 이후 본문으로 넘어가세요.

하루 학습할 단어 분량이
요거~ 밖에 안 되네요.
확실하게 준비하세요.

- **开放** kāifàng 개방하다
- **正好** zhènghǎo
  마침, 딱 맞다
- **闭馆** bìguǎn
  폐관하다, 문 닫다
- **游客** yóukè 여행객, 관광객
- **错过** cuòguò
  (시기나 대상을) 놓치다, 엇갈리다.

이제 여행을 떠나 볼까요?
앞서 준비한 단어와 함께 차근차근 각 단계별로 학습해보세요.

랜드마크에 한 걸음 한 걸음 다가갈 수 있습니다.

tip

要는 '~할 것이다 ~하겠다 ~해야 한다' 는 의미가 담겨있죠.
我想~ 보다는 말하는 사람의 강한 의지가 담겨있답니다.
주로 실행을 하고자 하는 일에 많이 사용됩니다.

1

A: 大韩民国临时政府旧址开放时间是什么时候?

B: 上午9点到下午4点半，你去吗?

2

A: 正好明天有空，我要去看看。

B: 上午11点半到下午1点闭馆休息哦。

3

A: 这里有很多韩国游客。

B: 这里是韩国人来上海旅游不能错过的地方。

<table>
<tr><td>

1

A: Dàhánmínguó línshí
zhèngfǔ jiùzhǐ kāifàng
shíjiān shì shénme shíhou?

B: Shàngwǔ jiǔ diǎn dào
xiàwǔ sì diǎn bàn, nǐ qù
ma?

2

A: Zhènghǎo míngtiān yǒu
kòng, wǒ yào qù kànkan.

B: Shàng wǔ shíyī diǎn bàn
dào xiàwǔ yī diǎn bìguǎn
xiūxi o.

3

A: Zhè li yǒu hěn duō Hánguó
yóukè.

B: Zhè li shì Hánguórén lái
Shànghǎi lǚyóu bù néng
cuòguò de dìfang.

</td><td>

1

A: 대한민국 임시정부 유적지는 몇
시부터 개방하나요?

B: 오전 9시부터 오후 4시 반까지
요. 가시게요?

2

A: 내일 딱 시간이 비어서, 한번 가
보게요.

B: 오전 11시 반부터 오후 1시까지
는 잠시 문 닫고 쉬거든요.

3

A: 여기 한국인 관광객 많다.

B: 여기는 한국인이 상하이 여행 왔
을 때 놓치면 안 되는 곳이거든.

</td></tr>
</table>

랜드마크 여행의 추억을 오랫동안 기억하기 위해 여행 중에 인상 깊었던 내용을 반복합니다.

 아래의 QR코드로 영상을 보며 큰소리로 따라 말해보세요.

我要~

- 我要买衣服。

- 我要去旅游。

- 我要吃蛋糕。

- 我要当演员。

- 我要学汉语。

Wǒ yào~

~하려고요/~할 거예요.

- Wǒ yào mǎi yīfu.

- Wǒ yào qù lǚyóu.

- Wǒ yào chī dàngāo.

- Wǒ yào dāng yǎnyuán.

- Wǒ yào xué Hànyǔ.

- 나 옷 살 거예요.

- 나 여행 갈 거예요.

- 나 케이크 먹을 거예요.

- 난 배우가 될 거예요.

- 난 중국어를 배울 거예요.

29

티엔즈팡 〈田子坊〉

오늘 배울 문장은? ~어땠어요?

타이캉루(泰康路)에 위치한 티엔즈팡은 문화거리로의 멋이 살아 있는 곳입니다. 우리나라 인사동과 비슷한 모습을 띄고 있고요. 맛있는 음식점도 많고 골목골목에서는 특색 있는 예술품들을 팔고 있어요. 좁은 골목에 예쁜 소품들과 카페들이 많아서 여성분들이 특히 좋아하는 곳이랍니다. 중국의 거리, 고풍스러움, 아기자기함을 느끼고 싶으시다면 추천드립니다.

이번 랜드마크에서는 어떤 대화를 하는지
먼저 살펴볼까요?

 원어민의 음성을 들어보세요.

 china_29.mp3

1

A : 여동생이 처음으로 상하이 오는데, 어디 데리고
가서 놀지?

B : 티엔즈팡, 신톈디, 와이탄 다 엄청 좋지.

A : Mèimei dì yī cì lái Shànghǎi, dài tā qù nǎli wánr.

B : Tiánzǐfāng, Xīntiāndì, Wàitān dōu tǐng hǎo de.

2

A : 티엔즈팡 재밌어?

B : "티엔즈팡을 안 가봤다면 상하이를 와본 게 아니
다"라는 말이 있을 정도지.

A : Tiánzǐfāng hǎo wánr ma?

B : Yǒu jù huà jiào "méi qùguo Tiánzǐfāng bú suàn láiguo
Shànghǎi."

3

A : 어제 잘 놀았어?

B : 티엔즈팡 완전 좋더라. 교통도 편하고. 상해 특색
있는 소품들도 많이 팔더라. 다 너무 좋았어.

A : Zuótiān wán de zěnmeyàng?

B : Tiánzǐfāng tèbié hǎo, jiāotōng yě hěn fāngbiàn. Yǒu mài
hěn duō Shànghǎi tèsè de xiǎowùpǐn. Dōu hěn xǐhuan.

오늘 학습할 주요 단어입니다.
먼저 단어를 학습한 이후 본문으로 넘어가세요.

 하루 학습할 단어 분량이
요거~ 밖에 안 되네요.
확실하게 준비하세요.

- 妹妹 mèimei 여동생
- 不算 bú suàn
~라고 할 수 없다, ~라 인정하
지 않는다

- 小物品 xiǎowùpǐn 소품
- 考 kǎo 시험을 보다
- 睡 shuì (잠을) 자다
- 讲 jiǎng 말하다

이제 여행을 떠나 볼까요?
앞서 준비한 단어와 함께 차근차근 각 단계별로 학습해보세요.

🌺 랜드마크에 한 걸음 한 걸음 다가갈 수 있습니다.

STEP 1. 중국어 반복 듣기

tip

~得怎么样? 은 ~하는 것이 어느 정도였는지를 묻는 표현입니다. 앞에 동사에 따라서 한국어 해석은 조금씩 바뀔 수가 있는데요. '자다' 라는 동사 나왔다면 ' 자는 게 어땠어요? ' 라는 질문이기 때문에 잘 잤는지를 물어보는 것이고요. ' 놀다' 라는 동사가 나왔다면 노는 게 어땠는지 묻는 질문이기 때문에 잘 놀았는지를 묻는 질문입니다.

1

A: 妹妹第一次来上海，带她去哪里玩儿?

B: 田子坊，新天地，外滩都挺好的。

2

A: 田子坊好玩儿吗?

B: 有句话叫：没去过田子坊不算来过上海。

3

A: 昨天玩得怎么样?

B: 田子坊特别好。交通也很方便。有卖很多上海特色的小物品。都很喜欢。

1

A: Mèimei dì yī cì lái Shànghǎi, dài tā qù nǎli wánr?

B: Tiánzǐfāng, Xīntiāndì, Wàitān dōu tǐng hǎo de.

2

A: Tiánzǐfāng hǎo wánr ma?

B: Yǒu jù huà jiào "méi qùguo Tiánzǐfāng bú suàn láiguo Shànghǎi."

3

A: Zuótiān wán de zěnmeyàng?

B: Tiánzǐfāng tèbié hǎo. jiāotōng yě hěn fāngbiàn. Yǒu mài hěn duō Shànghǎi tèsè de xiǎowùpǐn. Dōu hěn xǐhuan.

1

A: 여동생이 처음으로 상하이 오는데, 어디 데리고 가서 놀지?

B: 티엔즈팡, 신톈디, 와이탄 다 엄청 좋지.

2

A: 티엔즈팡 재밌어?

B: "티엔즈팡을 안 가봤다면 상하이를 와본 게 아니다"라는 말이 있을 정도지.

3

A: 어제 잘 놀았어?

B: 티엔즈팡 완전 좋더라. 교통도 편하고, 상해 특색 있는 소품들도 많이 팔더라. 다 너무 좋았어.

랜드마크 여행의 추억을 오랫동안 기억하기 위해
여행 중에 인상 깊었던 내용을 반복합니다.

 아래의 QR코드로 영상을 보며
큰소리로 따라 말해보세요.

~得怎么样?

- 你们考得怎么样?

- 昨天睡得怎么样?

- 最近过得怎么样?

- 他长得怎么样?

- 她的中文讲得怎么样?

de zěnmeyàng?

- Nǐmen kǎo **de zěnmeyàng?**

- Zuótiān shuì **de zěnmeyàng?**

- Zuìjìn guò **de zěnmeyàng?**

- Tā zhǎng **de zěnmeyàng?**

- Tā de zhōngwén jiǎng **de zěnmeyàng?**

~어땠어요?

- 시험 **어땠어요?**

- 어제 잠은 잘 잤**어요?**

- 요즘 어떻게 지냈**어요?**

- 그 남자 생긴 건 **어땠어요?**

- 그녀의 중국어는 **어때요?**

30

쓰난맨션 〈思南公馆〉

오늘 배울 문장은? **~인 거 같아요.**

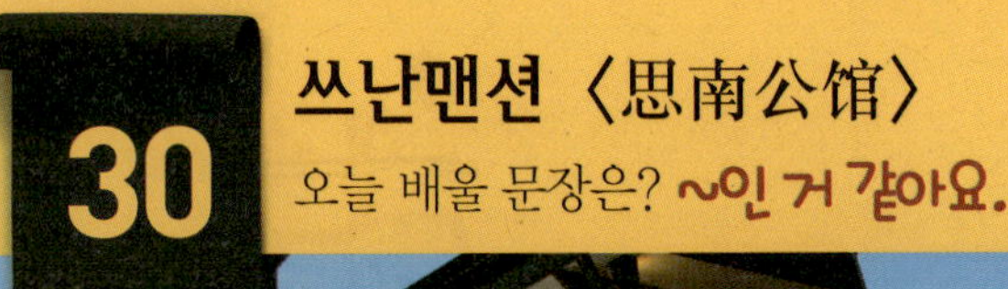

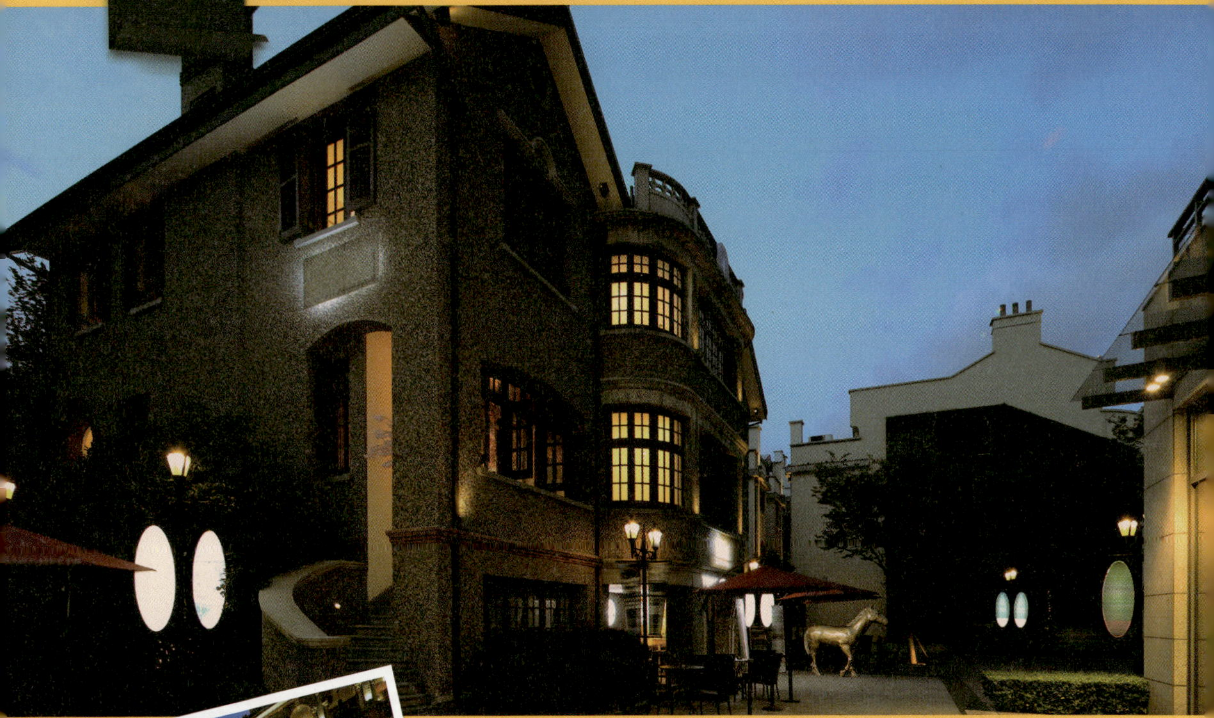

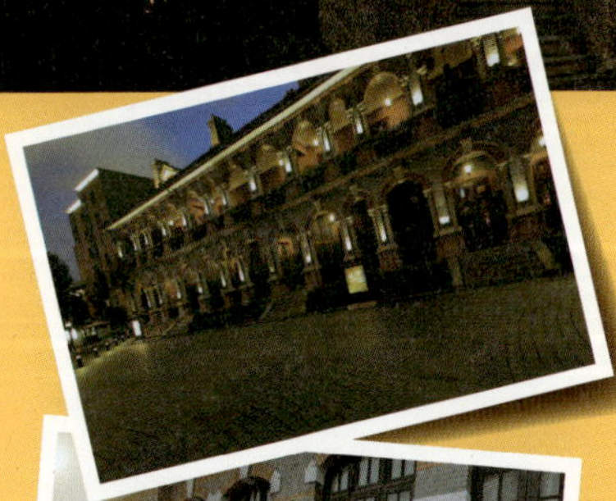

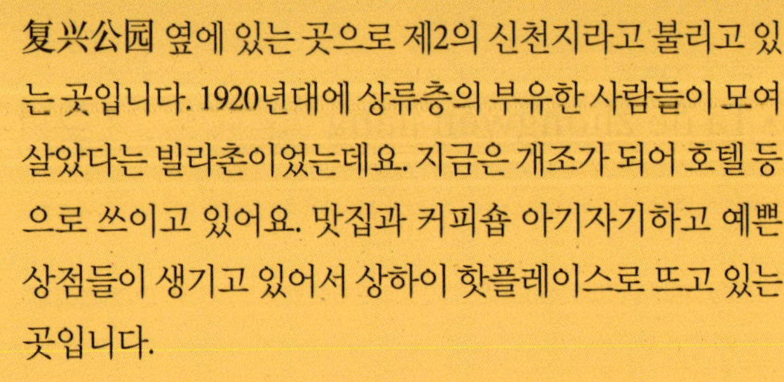

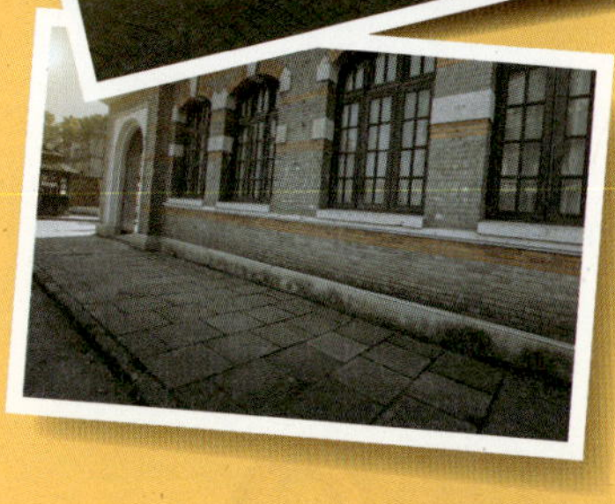

复兴公园 옆에 있는 곳으로 제2의 신천지라고 불리고 있는 곳입니다. 1920년대에 상류층의 부유한 사람들이 모여 살았다는 빌라촌이었는데요. 지금은 개조가 되어 호텔 등으로 쓰이고 있어요. 맛집과 커피숍 아기자기하고 예쁜 상점들이 생기고 있어서 상하이 핫플레이스로 뜨고 있는 곳입니다.

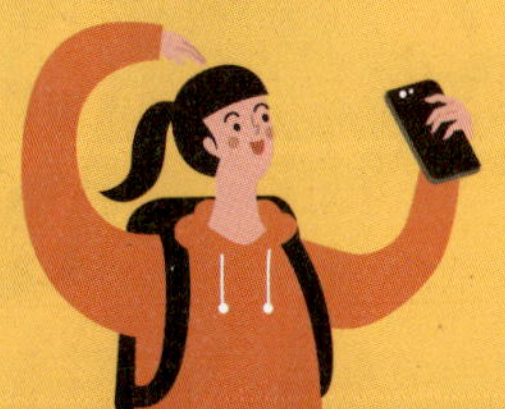

이번 랜드마크에서는 어떤 대화를 하는지
먼저 살펴볼까요?

원어민의 음성을 들어보세요.

china_30.mp3

1
A : 쓰난맨션에서 밥 먹으려면 비싼가?
B : 꼭 그렇진 않아. 네가 뭘 택하느냐에 달렸지.

A : Sīnángōngguǎn chī de dōu hěn guì ma?
B : Bù yídìng, kàn nǐ de xuǎnzé.

2
A : 엄청 고급스러워 보이더라고.
B : 내가 예전에 갔던 레스토랑은 디너가 한 사람당 388위안이었던 거 같아.

A : Kànqǐlái dōu hěn gāojí de yàngzi.
B : Wǒ yǐqián qùguo yì jiā cāntīng wǎncān hǎoxiàng sānbǎi bāshí bā yí ge rén.

3
A : 여기 배경 괜찮다. 나 여기서 사진 한 장 찍을래.
B : 줘, 내가 찍어줄게.

A : Zhèr bèijǐng búcuò, wǒ yào zài zhèr pāi zhāng zhào.
B : Lái, wǒ bāng nǐ pāi.

오늘 학습할 주요 단어입니다.
먼저 단어를 학습한 이후 본문으로 넘어가세요.

하루 학습할 단어 분량이
요거~ 밖에 안 되네요.
확실하게 준비하세요.

- **不一定** bù yídìng
확정할 수 없다, 확정적이지 않다, ~ 한 것은 아니다

- **选择** xuǎnzé
고르다, 선택하다

- **看起来** kànqǐlái
보기에~하다, 보아하니~하다

- **高级** gāojí 고급인, 상급인

- **样子** yàngzi
모양, 모습, 형태

- **晚餐** wǎncān 저녁식사

- **背景** bèijǐng 배경

- **下雨** xiàyǔ 비가 오다

- **快要~了** kuàiyào ~ le
곧~ 하다

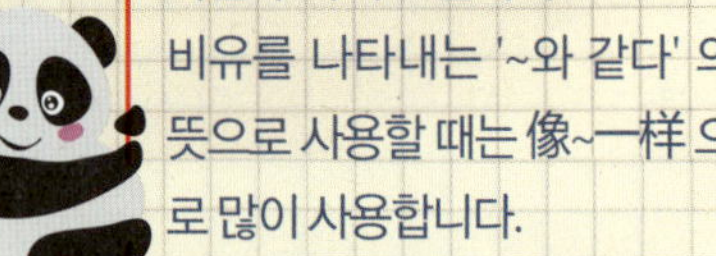

이제 여행을 떠나 볼까요?
앞서 준비한 단어와 함께 차근차근 각 단계별로 학습해보세요.

🌺 랜드마크에 한 걸음 한 걸음 다가갈 수 있습니다.

STEP 1. 중국어 반복 듣기

好像~ 一样 /似的 '~인 것 같다'
라는 추측의 표현이에요.
비유를 나타내는 '~와 같다' 의
뜻으로 사용할 때는 像~一样 으
로 많이 사용합니다.

• 我们好像在哪儿见过吧。
  우리 어디서 만난 것 같은데요.

• 他这么大了，还像个孩子
  一样不懂事。
  그는 이렇게나 나이를 먹었는
  데, 여전히 애처럼 철이 없다.

1

A: 思南公馆吃得都很贵
吗?

B: 不一定，看你的选择。

2

A: 看起来都很高级的样
子。

B: 我以前去过一家餐厅。
晚餐好像388一个人。

3

A: 这儿背景不错，我要在
这儿拍张照。

B: 来，我帮你拍。

<table>
<tr><td>

1

A: Sīnángōngguǎn chī de dōu hěn guì ma?

B: Bù yídìng, kàn nǐ de xuǎnzé.

2

A: Kànqǐlái dōu hěn gāojí de yàngzi.

B: Wǒ yǐqián qùguo yì jiā cāntīng wǎncān hǎoxiàng sānbǎi bāshí bā yí ge rén.

3

A: Zhèr bèijǐng búcuò, wǒ yào zài zhèr pāi zhāng zhào.

B: Lái, wǒ bāng nǐ pāi.

</td><td>

1

A: 쓰난맨션에서 밥 먹으려면 비싼 가?

B: 꼭 그렇진 않아. 네가 뭘 택하느 냐에 달렸지.

2

A: 엄청 고급스러워 보이더라고.

B: 내가 예전에 갔던 레스토랑은 디 너가 한 사람당 388위안이었던 거 같아.

3

A: 여기 배경 괜찮다. 나 여기서 사 진 한 장 찍을래.

B: 줘. 내가 찍어줄게.

</td></tr>
</table>

랜드마크 여행의 추억을 오랫동안 기억하기 위해 여행 중에 인상 깊었던 내용을 반복합니다.

 아래의 QR코드로 영상을 보며 큰소리로 따라 말해보세요.

好像~

- 好像感冒了。

- 你好像坐了我的位置。

- 我好像坐错车了。

- 好像算错了。

- 好像快要下雨了。

<table>
<tr><td></td><td></td></tr>
</table>

hǎoxiàng~

~인 거 같아요.

• Hǎoxiàng gǎnmào le.	• 감기 걸린 것 같아요.
• Nǐ hǎoxiàng zuò le wǒ de wèizhì.	• 아무래도 제 자리에 앉으신 것 같아요.
• Wǒ hǎoxiàng zuò cuò chē le.	• 나 아무래도 차를 잘못 탄 것 같아요.
• Hǎoxiàng suàn cuò le.	• 계산 잘못한 것 같아요.
• Hǎoxiàng kuàiyào xiàyǔ le.	• 곧 비가 올 것 같아요.

화이하이루 〈淮海路〉

오늘 배울 문장은? ∾어디에 있나요?

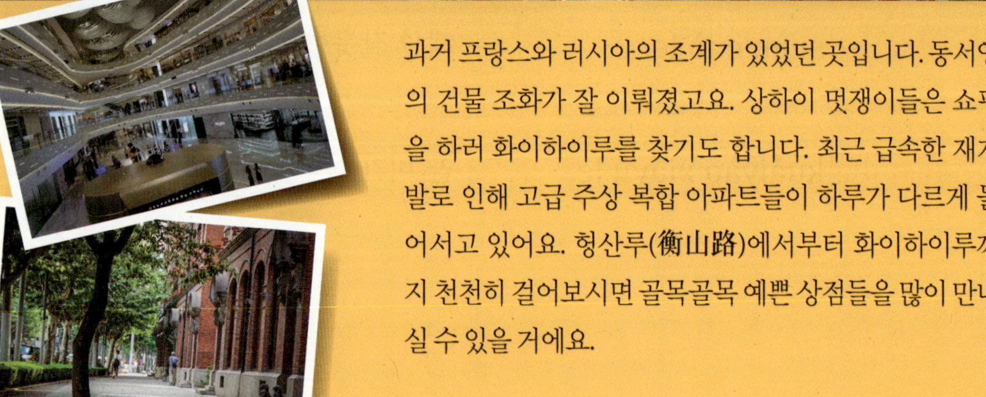

과거 프랑스와 러시아의 조계가 있었던 곳입니다. 동서양의 건물 조화가 잘 이뤄졌고요. 상하이 멋쟁이들은 쇼핑을 하러 화이하이루를 찾기도 합니다. 최근 급속한 재개발로 인해 고급 주상 복합 아파트들이 하루가 다르게 들어서고 있어요. 형산루(衡山路)에서부터 화이하이루까지 천천히 걸어보시면 골목골목 예쁜 상점들을 많이 만나실 수 있을 거에요.

이번 랜드마크에서는 어떤 대화를 하는지
먼저 살펴볼까요?

 원어민의 음성을 들어보세요.

china_31.mp3

1

A : 상하이 쇼핑거리는 어디에 있어?

B : 상하이는 쇼핑할 때 정말 많아.

A : Shànghǎi gòuwùjiē zài nǎr?

B : Shànghǎi hěn duō dìfang kěyǐ gòuwù.

2

A : 몇 곳만 추천해주라.

B : 화이하이루 어때, 쇼핑하기 괜찮아.

A : Gěi wǒ tuījiàn jǐ ge dìfang.

B : Huáihǎilù zěnmeyàng, gòuwù huánjìng búcuò.

3

A : 배고파 죽겠다. 우리 뭐 먼저 먹자.

B : 그래. 나 맛집 한 곳 알아.

A : È sǐ le. Wǒmen xiān chī diǎn dōngxi ba.

B : Hǎo ya, wǒ zhīdào yǒu yì jiā cāntīng hěn hǎochī.

오늘 학습할 주요 단어입니다.
먼저 단어를 학습한 이후 본문으로 넘어가세요.

하루 학습할 단어 분량이
요거~ 밖에 안 되네요.
확실하게 준비하세요.

- 购物 gòuwù
  물건을 사다, 물품 구매하다
- 街 jiē 거리, 가두, 길거리
- 饿 è 배고프다, 굶주리다
- 公交车 gōngjiāochē 버스
- 电梯 diàntī 엘리베이터

- 星巴克 xīngbākè 스타벅스

이제 여행을 떠나 볼까요?
앞서 준비한 단어와 함께 차근차근 각 단계별로 학습해보세요.

🌺 랜드마크에 한 걸음 한 걸음 다가갈 수 있습니다.

STEP 1. 중국어 반복 듣기

중국어로 커피 이름 배워보기
- 美式咖啡 měishìkāfēi
  아메리카노
- 拿铁 nátiě 카페라떼
- 摩卡 mókǎ 모카
- 卡布奇诺 kǎbùqínuò
  카푸치노
- 浓缩咖啡 nóngsuōkāfēi
  에스프레소
- 焦糖玛奇朵 jiāotángmǎqíduǒ
  카라멜 마끼아토
- 本日咖啡 běnrìkāfēi
  오늘의 커피
- 星冰乐 xīngbīnglè
  프라푸치노

1

A: 上海购物街在哪儿？

B: 上海很多地方可以购
　物。

2

A: 给我推荐几个地方。

B: 淮海路怎么样，购物环
　境不错。

3

A: 饿死了。我们先吃点东
　西吧。

B: 好呀，我知道有一家餐
　厅很好吃。

1

A: Shànghǎi gòuwùjiē zài nǎr?

B: Shànghǎi hěn duō dìfang kěyǐ gòuwù.

2

A: Gěi wǒ tuījiàn jǐ ge dìfang.

B: Huáihǎilù zěnmeyàng, gòuwù huánjìng búcuò.

3

A: È sǐ le. Wǒmen xiān chī diǎn dōngxi ba.

B: Hǎo ya, wǒ zhīdào yǒu yì jiā cāntīng hěn hǎochī.

1

A: 상하이 쇼핑거리는 어디에 있어?

B: 상하이는 쇼핑할 때 정말 많아.

2

A: 몇 곳만 추천해주라.

B: 화이하이루 어때, 쇼핑하기 괜찮아.

3

A: 배고파 죽겠다. 우리 뭐 먼저 먹자.

B: 그래. 나 맛집 한 곳 알아.

랜드마크 여행의 추억을 오랫동안 기억하기 위해
여행 중에 인상 깊었던 내용을 반복합니다.

아래의 QR코드로 영상을 보며
큰소리로 따라 말해보세요.

~在哪儿?

- 最近的公交车站在哪儿?

- 我现在在哪儿?

- 纪念品店在哪儿?

- 电梯在哪儿?

- 星巴克在哪儿?

<table>
<tr>
<td></td>
<td></td>
</tr>
</table>

~zài nǎr? | ~ 어디에 있나요?

~zài nǎr?	~ 어디에 있나요?
• Zuì jìn de gōngjiāochē zhàn zài nǎr?	• 가까운 버스정류장은 어디에 있나요?
• Wǒ xiànzài zài nǎr?	• 저는 지금 어디에 있나요?
• Jìniànpǐn diàn zài nǎr?	• 기념품샵은 어디에 있나요?
• Diàntī zài nǎr?	• 엘리베이터는 어디에 있나요?
• Xīngbākè zài nǎr?	• 스타벅스가 어디에 있나요?

우리가 알고 있는 스타들의 이름
중국어로 말해보기

평소 중국 영화나 드라마 혹은 기사를 부면서 많이 전했던 중국 스타들.
친숙한 그들의 이름은 과연 중국어로 어떻게 말할까요.
우리 정확한 발음으로 읽어볼까요?

周星驰 zhōuXīngchí 주성치
梁朝伟 liángCháowěi 양조위
张曼玉 zhāngmànyù 장만옥
李连杰 lǐliánjié 이연걸
刘德华 liúdéhuá 유덕화
张国荣 zhāngguóróng 장국영
周润发 zhōurùnfā 주윤발
成龙 chénglóng 성룡

李小龙 lǐxiǎolóng 이소룡
黎明 límíng 여명
郭富城 Guō Fùchéng 곽부성
巩俐 gǒnglì 공리
张柏芝 Zhāng bózhī 장백지
洪金宝 hóngJīnbǎo 홍금보
章子怡 zhāngzǐyí 장쯔이
范冰冰 fànbīngbīng 판빙빙
刘亦菲 liúyìfēi 유역비
鹿晗 lùhán 루한(전 EXO 멤버)
于晓光 yúxiǎoguāng 우효광

랜드마크 중국 여행
상하이(上海) 셋째날

32 모간산루
33 인민광장
34 리지아차이
35 뷰바
36 동방명주
37 SWFC

모간산루 〈莫干山路〉

오늘 배울 문장은? 우리~하자.

www.m50.com.cn

베이징 따산즈 798처럼 상하이의 미술인들이 집결한 곳이에요. 처음 도착하면 알록달록 화려한 그라피티가 우리를 맞이해줍니다. 원래는 쓸모없는 방직공장 창고였는데 화가들의 화랑이 몰리면서 유명한 장소가 됐답니다.

이번 랜드마크에서는 어떤 대화를 하는지
먼저 살펴볼까요?

 원어민의 음성을 들어보세요.

china_32.mp3

1

A : 여기 내가 생각했던 거보다 훨씬 크다.

B : 안에 예술 전시회 다 무료로 볼 수 있어.

A : Zhè ge dìfang bǐ wǒ xiǎngxiàng zhōng dà hěn duō.

B : Lǐmiàn hěn duō yìshùzhǎn kěyǐ miǎnfèi cānguān.

2

A : 여기 커피숍들 특색 있다.

B : 우리 들어가서 좀 앉자.

A : Zhè li de kāfēitīng yě hěn yǒu tèsè.

B : Zánmen qù zuò yíhuìr ba.

3

A : 여기서 산책하니까 완전 좋다, 그렇지?

B : 응. 기분 진짜 너무 좋다.

A : Zài zhèr sànbù hǎo jíle, shì bu shì?

B : Shì de. gǎnjué zhēn shì hǎo jíle.

오늘 학습할 주요 단어입니다.
먼저 단어를 학습한 이후 본문으로 넘어가세요.

 하루 학습할 단어 분량이
요거~ 밖에 안 되네요.
확실하게 준비하세요.

- 比 bǐ ~에 비해, ~보다
- 艺术展 yìshùzhǎn
  아트페어, 예술 전시회
- 参观 cānguān
  참관하다, 견학하다
- 散步 sànbù
  산보하다, 산책하다

- ~极了 ~ jíle
  (형용사 뒤에 위치해 뜻을 매우
  강조할 때 쓰인다. 대신 형용사
  앞에는 매우, 아주, 상당히 같은
  부사는 쓸 수 없다.) 엄청, 매우
- 聊 liáo 수다 떨다, 잡담하다

이제 여행을 떠나 볼까요?
앞서 준비한 단어와 함께 차근차근 각 단계별로 학습해보세요.
🌺 랜드마크에 한 걸음 한 걸음 다가갈 수 있습니다.

STEP 1. 중국어 반복 듣기

tip

• 我们 VS. 咱们
咱们은 말하는 사람이나 말하는 사람 쪽의 일행뿐만 아니라 듣는 사람까지 포함한 말이에요. 즉, 我们+你们 의 좀 더 포괄적인 의미입니다.
• 吧처럼 문장 끝에 쓰여서 말하는 사람의 심정이나 태도를 나타내는 단어를 어기 조사 라고 합니다. 단독으로는 쓰일 수 없고 이처럼 문장 끝에 쓰여서 문장 전체의 뉘앙스를 결정하는 기능을 합니다. 吧의 경우 다양한 경우에서 사용이 되는데 대표적으로 청유, 명령, 추측, 부탁, 건의, 의논 등이 있는데요.
본문에서는 청유의 의미로 사용이 되었습니다.

• 你快点儿吃吧。
 (명령) 너 빨리 좀 먹어라.
• 我们回家吧。
 (청유) 우리 집에 가자.
• 这是你的吧?
 (추측) 이거 네꺼지?

1

A: 这个地方比我想象中大很多。

B: 里面很多艺术展可以免费参观。

2

A: 这里的咖啡厅也很有特色。

B: 咱们去坐一会儿吧。

3

A: 在这儿散步好极了，是不是?

B: 是的。感觉真是好极了。

1

A: Zhè ge dìfang bǐ wǒ xiǎngxiàng zhōng dà hěn duō.

B: Lǐmiàn hěn duō yìshùzhǎn kěyǐ miǎnfèi cānguān.

2

A: Zhè li de kāfēitīng yě hěn yǒu tèsè.

B: Zánmen qù zuò yíhuìr ba.

3

A: Zài zhèr sànbù hǎo jíle, shì bu shì?

B: Shì de. gǎnjué zhēn shì hǎo jíle.

1

A: 여기 내가 생각했던 거보다 훨씬 크다.

B: 안에 예술 전시회 다 무료로 볼 수 있어.

2

A: 여기 커피숍들 특색 있다.

B: 우리 들어가서 좀 앉자.

3

A: 여기서 산책하니까 완전 좋다, 그렇지?

B: 응. 기분 진짜 너무 좋다.

랜드마크 여행의 추억을 오랫동안 기억하기 위해
여행 중에 인상 깊었던 내용을 반복합니다.

아래의 QR코드로 영상을 보며
큰소리로 따라 말해보세요.

咱们~吧。

- 咱们一起去吧。

- 咱们出去吃饭吧。

- 咱们再聊聊吧。

- 咱们定个时间吧。

- 咱们休息一会儿吧。

Zánmen ~ba.

우리~하자.

- Zánmen yìqǐ qù ba.

- Zánmen chū qù chī fàn ba.

- Zánmen zài liáoliao ba.

- Zánmen dìng ge shíjiān ba.

- Zánmen xiūxi yíhuìr ba.

- 우리 같이 가자.

- 우리 나가서 밥 먹자.

- 우리 다시 얘기 좀 하자.

- 우리 시간을 좀 정하자.

- 우리 좀 쉬자.

33

인민광장 〈人民广场〉

오늘 배울 문장은? ∽이 뭐죠?

상하이 중심부에 위치하고 있으며 120만 명이 동시에 집회를 열 수 있는 상하이에서 가장 넓은 광장입니다. 지하철 1호선, 2호선, 8호선의 교차점에 위치하고 있어서 교통도 편리해요. 위로는 번화한 난징루, 중간에는 문화예술거리인 푸저우루, 아래로는 옌안동루까지 연결돼 있어요. 그래서 많은 관광객들이 인민광장 근처에 호텔에 머물기도 한답니다. 지금은 다양한 건축물이 들어선 거대한 공원이지만 1949년 이전에는 경마장이었답니다. 이곳에는 시청을 비롯해 상하이 미술관 및 박물관 그리고 주요 공연이 열리는 상하이따쥐위엔 등이 몰려있어서 정치, 경제, 문화의 중심이라 할 수 있어요.

미리보기

이번 랜드마크에서는 어떤 대화를 하는지
먼저 살펴볼까요?

원어민의 음성을 들어보세요.

china_33.mp3

1
A : 저기 걸린 게 도대체 뭐야?
B : 하하, 저기가 상하이 인민공원 소개팅 코너야.

A : Nà li guàzhe de dàodǐ shì shénme?
B : Hāhā, shì Shànghǎi rénmín gōngyuán xiāngqīnjiǎo.

2
A : 그게 뭐야?
B : 일종에 부모가 자녀를 대신해서 선 보는 건데,
쪽지에 조건 등을 적어 붙이는 거야. 자녀들을
대신해서 결혼상대를 찾아주는 거지..

A : Nà shì shénme?
B : Yìbān fùmǔ lái tì zǐnǔ xiāngqīn de, tiē zhǐtiáo xiěshàng
tiáojiàn shénmede. wèi zǐnǔ xúnzhǎo jiéhūn duìxiàng.

3
A : 상해 지하철은 인민광장까지 가는 노선이 몇 개 인
가요?
B : 1,2,8호 다 인민광장 가요.

A : Shànghǎi dìtiě yǒu jǐ tiáo xiàn dào rénmínguǎngchǎng?
B : Yī, èr, bā hàoxiàn dōu dào rénmín guǎngchǎng.

준비하기

오늘 학습할 주요 단어입니다.
먼저 단어를 학습한 이후 본문으로 넘어가세요.

 하루 학습할 단어 분량이
요거~ 밖에 안 되네요.
확실하게 준비하세요.

- 挂 guà 걸다, 걸리다
- 相亲 xiāngqīn
  선을 보다, 소개팅하다
- 替 tì
  대신하다, ~를 위하여, ~때문에
- 贴 tiē 붙이다
- 纸条 zhǐtiáo 종이쪽지, 메모
- 什么的 shénmede
  ~등, ~같은 것
- 寻找 xúnzhǎo 찾다, 구하다
- 对象 duìxiàng 결혼상대
- 所谓 suǒwèi 소위, 이른바

이제 여행을 떠나 볼까요?
앞서 준비한 단어와 함께 차근차근 각 단계별로 학습해보세요.
🌸 랜드마크에 한 걸음 한 걸음 다가갈 수 있습니다.

STEP 1. 중국어 반복 듣기

1

A: 那里挂着的到底是什么?

B: 哈哈，是上海人民公园相亲角。

2

A: 那是什么?

B: 一般父母来替子女相亲的，贴纸条写上条件什么的。为子女寻找结婚对象。

3

A: 上海地铁有几条线到人民广场?

B: 1、2、8号线都到人民广场。

<table>
<tr><td>

1

A: Nà li guàzhe de dàodǐ shì shénme?

B: Hāhā, shì Shànghǎi rénmín gōngyuán xiāngqīnjiǎo.

2

A: Nà shì shénme?

B: Yìbān fùmǔ lái tì zǐnǚ xiāngqīn de, tiē zhǐtiáo xiěshàng tiáojiàn shénmede. wèi zǐnǚ xúnzhǎo jiéhūn duìxiàng.

3

A: Shànghǎi dìtiě yǒu jǐ tiáo xiàn dào rénmínguǎngchǎng?

B: Yī, èr, bā hàoxiàn dōu dào rénmín guǎngchǎng.

</td><td>

1

A: 저기 걸린 게 도대체 뭐야?

B: 하하, 저기가 상하이 인민공원 소개팅 코너야.

2

A: 그게 뭐야?

B: 일종에 부모가 자녀를 대신해서 선 보는 건데, 쪽지에 조건 등을 적어 붙이는 거야. 자녀들을 대신해서 결혼상대를 찾아주는 거지.

3

A: 상해 지하철은 인민광장까지 가는 노선이 몇 개 인가요?

B: 1,2,8호 다 인민광장 가요.

</td></tr>
</table>

랜드마크 여행의 추억을 오랫동안 기억하기 위해
여행 중에 인상 깊었던 내용을 반복합니다.

 아래의 QR코드로 영상을 보며
큰소리로 따라 말해보세요.

~是什么?

· 究竟是什么?

· 这几个是什么?

· 你的梦想是什么?

· 所谓的'金卡'是什么?

· 您来的目的是什么?

~shì shénme?

～이 뭐죠?

- Jiūjìng shì shénme?

- Zhè jǐ ge shì shénme?

- Nǐ de mèngxiǎng shì shénme?

- Suǒwèi de 'jīnkǎ' shì shénme?

- Nín lái de mùdì shì shénme?

- 도대체 뭐죠?

- 이것들은 뭐죠?

- 당신의 꿈은 뭐죠?

- 소위 말하는 '골드카드'가 뭐예요?

- 오신 목적이 뭔가요?

34

리지아차이 궁중요리집 〈厉家菜〉

오늘 배울 문장은? ~는 ~인데,

왕실의 궁중 요리를 맛볼 수 있는 집입니다. 청나라때 厉子嘉 라는 분이 계셨는데 이분이 황제가 음식을 드시기 전에 음식을 맛보는 담당을 하였다고 하는데요. 매번 맛볼 때마다 음식 이름과 조리 방법을 기억해 기록한 책을 대대로 물려줬다고 합니다. 그 자손이 이어서 하고 있는 식당이에요. 지금도 옛날과 같이 장작불로 음식을 만들고 화학조미료는 전혀 쓰지 않는다고 합니다. 베이징과 상하이에 있습니다. 클린턴 전 미국 대통령, 존 메이저 영국 수상, 성룡 등 유명인사들도 다녀가는 곳이랍니다.

黄浦区中山东一路487号黄浦公园1楼

http://www.beijinglijiacai.cn/

->베이징 본점 사이트

이번 랜드마크에서는 어떤 대화를 하는지
먼저 살펴볼까요?

원어민의 음성을 들어보세요.

china_34.mp3

1

A : 제가 중요한 손님 접대를 해야 하는데, 어느 식당을 가는 편이 좋을까요?

B : 리쟈차이 어때? 정통 궁중 요릿집인데.

A : Wǒ yào jiēdài yí ge hěn zhòngyào de kèrén, nǎ jiā cānguǎn bǐjiào hǎo?

B : Lìjiācài zěnmeyàng? shì zhèngzōng de gōngtíng cài.

2

A : 엄청 비싸겠죠.

B : 비싸긴 비싼데, 진짜 그 값어치를 해.

A : Yīnggāi hěn guì ba.

B : Guì shì guì, dànshì wùyǒusuǒzhí.

3

A : 리쟈차이 맛 어때?

B : 진짜 오리지널, 정통의 맛이야.

A : Lìjiācài wèidào rúhé?

B : Hěn dìdao, kǒuwèi yě hěn zhèngzōng.

오늘 학습할 주요 단어입니다.
먼저 단어를 학습한 이후 본문으로 넘어가세요.

하루 학습할 단어 분량이
요거~ 밖에 안 되네요.
확실하게 준비하세요.

- **接待** jiēdài 접대하다
- **正宗** zhèngzōng
  정통의, 진정한
- **宮廷** gōngtíng
  궁궐, 궁전, 궁정
- **物有所值** wùyǒusuǒzhí
  값어치가 있다

- **如何** rúhé
  어떠한가, 어떠하냐 = 怎么样
- **地道** dìdao
  오리지널의, 본고장의, 진짜의
- **不怎么样** bù zěnmeyàng
  그리 좋지 않다, 별로다, 보통이다

이제 여행을 떠나 볼까요?
앞서 준비한 단어와 함께 차근차근 각 단계별로 학습해보세요.

 랜드마크에 한 걸음 한 걸음 다가갈 수 있습니다.

STEP 1. 중국어 반복 듣기

tip

이런 표현도 있어요!
- 好就是好，不好就是不好。
  좋으면 좋다 싫으면 싫다.
- 好就是好，不好就是不好，你干脆说吧。
  좋으면 좋다 싫으면 싫다 시원하게 말해봐.

1

A: 我要接待一个很重要的客人，哪家餐馆比较好?

B: 厉家菜怎么样? 是正宗的宫廷菜。

2

A: 应该很贵吧。

B: 贵是贵，但是物有所值。

3

A: 厉家菜味道如何?

B: 很地道，口味也很正宗。

| | |

1

A: Wǒ yào jiēdài yí ge hěn zhòngyào de kèrén, nǎ jiā cānguǎn bǐjiào hǎo?

B: Lìjiācài zěnmeyàng? shì zhèngzōng de gōngtíng cài.

1

A: 제가 중요한 손님 접대를 해야 하는데, 어느 식당을 가는 편이 좋을까요?

B: 리쟈차이 어때? 정통 궁중 요릿집인데.

2

A: Yīnggāi hěn guì ba.

B: Guì shì guì, dànshì wùyǒusuǒzhí.

2

A: 엄청 비싸겠죠.

B: 비싸긴 비싼데, 진짜 그 값어치를 해.

3

A: Lìjiācài wèidào rúhé?

B: Hěn dìdao, kǒuwèi yě hěn zhèngzōng.

3

A: 리쟈차이 맛 어때?

B: 진짜 오리지널, 정통의 맛이야.

랜드마크 여행의 추억을 오랫동안 기억하기 위해
여행 중에 인상 깊었던 내용을 반복합니다.

아래의 QR코드로 영상을 보며
큰소리로 따라 말해보세요.

~是~，但是~

- 好看是好看，但是我买不起。

- 好吃是好吃，但是太甜了。

- 帅是帅，但是有点儿矮。

- 漂亮是漂亮，但是没感觉。

- 有是有，但是不怎么样。

~shì ~ ,dànshì~　　~는 ~인데,

- Hăokàn shì hăokàn dànshì wŏ măibuqǐ.

- Hăochī shì hăochī dànshì tài tián le.

- Shuài shì shuài dànshì yŏudiănr ăi.

- Piàoliang shì piàoliang dànshì méi gănjué.

- Yŏu shì yŏu dànshì bù zĕnmeyàng.

- 예쁘긴 예쁜데, (돈이 없어서) 살 수가 없어요.

- 맛있긴 맛있는데, 너무 달아요.

- 잘생기긴 잘생겼는데, 키가 좀 작아요.

- 예쁘긴 예쁜데, 느낌이 없어요.

- 있긴 있는데, 별로예요.

35

Vue Bar 뷰바 〈《非常时髦》酒吧〉

오늘 배울 문장은? ∿할 계획(예정)이다.

푸동과 와이탄의 뷰를 한 번에 볼 수 있는 하얏트 온 더 번드 고층에 위치한 바입니다. 32층에서는 실내의 유리창을 통해 볼 수 있고요. 유리창 없는 33층은 탁 트인 곳에서 볼 수 있는데요. 이곳에는 작은 자쿠지도 있어서 더욱 묘한 분위기를 연출한답니다. 비가 오는 날은 33층은 오픈하지 않고요 자쿠지 주변 좌석은 미니멈 차지가 있답니다. 마치 클럽처럼 입장료를 받고 티켓을 주면 프리드링크 한잔씩 마실 수 있습니다.

虹口区黄浦路199号上海外滩茂悦大酒店西楼32楼(近武昌路)

미리보기

이번 랜드마크에서는 어떤 대화를 하는지
먼저 살펴볼까요?

원어민의 음성을 들어보세요.

china_35.mp3

1

A : 이번 주말에 뭐할 예정이야?

B : 나 친한 친구 한 명 생일이거든. 주말에 그 친구
랑 같이 놀라고.

A : Zhè ge zhōumò nǐ dǎsuàn zuò shénme?

B : Yí ge hǎo guīmì de shēngrì. zhōumò gēn tā yìqǐ wánr.

2

A : 오, 계획 다 세웠어?

B : 뷰바 같이 가려고..

A : Ō, nǐ dōu ānpái hǎo le ma?

B : Wǒ dǎsuàn gēn tā yìqǐ qù fēichángshímáo jiǔbā.

3

A : 음료 뭘로 하시겠어요?

B : 주류 메뉴판 있어요?

A : Nín hē diǎnr shénme?

B : Yǒu jiǔdān ma?

준비하기

오늘 학습할 주요 단어입니다.
먼저 단어를 학습한 이후 본문으로 넘어가세요.

하루 학습할 단어 분량이
요거~ 밖에 안 되네요.
확실하게 준비하세요.

- 闺蜜 guīmì
  여자 사이의 절친, 친한 친구
- 生日 shēngrì 생일
- 跟 gēn ~와, 과
- 安排 ānpái
  (인원, 시간 등을) 안배하다, 일을
  처리하다, 준비하다

- 结婚 jiéhūn 결혼
- 外语 wàiyǔ 외국어
- 公司 gōngsī 회사
- 香港 xiānggǎng 홍콩
- 遍 biàn 번, 회, 차례

이제 여행을 떠나 볼까요?
앞서 준비한 단어와 함께 차근차근 각 단계별로 학습해보세요.

🌺 랜드마크에 한 걸음 한 걸음 다가갈 수 있습니다.

STEP 1. 중국어 반복 듣기

tip

이런 표현도 있어요!

- 提不起劲儿。 tí bú qǐ jìnr.
  힘이 나지 않는다.
  맥을 못 추겠다.
- 你今天打算做什么?
  너 오늘 뭐 할 거야?
- 我昨天熬夜, 今天提不起劲
  儿, 我要回家休息。
  나는 어젯밤을 새서 오늘은 영
  맥을 못 추겠다. 집에 가서 쉬
  어야겠어.
- 大请客。 dà qǐng kè.
  크게 한턱내다.
- 你们下班后打算做什么?
  너네 오늘 퇴근하고 뭐해?
- 没什么…
  별거 없는데..
- 我今天大请客。
  오늘 내가 한턱 쏜다.

1

A: 这个周末你打算做什
么?

B: 一个好闺蜜的生日。周
末跟她一起玩儿。

2

A: 噢，你都安排好了吗?

B: 我打算跟她一起去非常
时髦酒吧。

3

A: 您喝点儿什么?

B: 有酒单吗?

<table>
<tr>
<td>

1

A: Zhè ge zhōumò nǐ dǎsuàn zuò shénme?

B: Yí ge hǎo guīmì de shēngrì. zhōumò gēn tā yìqǐ wánr.

2

A: Ō, nǐ dōu ānpái hǎo le ma?

B: Wǒ dǎsuàn gēn tā yìqǐ qù fēichángshímáo jiǔbā.

3

A: Nín hē diǎnr shénme?

B: Yǒu jiǔdān ma?

</td>
<td>

1

A: 이번 주말에 뭐할 예정이야?

B: 나 친한 친구 한 명 생일이거든. 주말에 그 친구랑 같이 놀려고.

2

A: 오, 계획 다 세웠어?

B: 뷰바 같이 갈 계획이야.

3

A: 음료 뭘로 하시겠어요?

B: 주류 메뉴판 있어요?

</td>
</tr>
</table>

랜드마크 여행의 추억을 오랫동안 기억하기 위해
여행 중에 인상 깊었던 내용을 반복합니다.

 아래의 QR코드로 영상을 보며
큰소리로 따라 말해보세요.

我打算~

· 我打算明年结婚。

· 我打算学一门外语。

· 我打算自己开公司。

· 我打算去香港。

· 我打算再看一遍。

Wǒ dǎsuàn~

~할 계획(예정)이다.

- Wǒ dǎsuàn míngnián jiéhūn.

- Wǒ dǎsuàn xué yì mén wàiyǔ.

- Wǒ dǎsuàn zìjǐ kāi gōngsī.

- Wǒ dǎsuàn qù xiānggǎng.

- Wǒ dǎsuàn zài kàn yí biàn.

- 나는 내년에 결혼할 예정입니다.

- 나는 외국어를 하나 배울 예정입니다.

- 나는 회사를 하나 차릴 계획입니다.

- 나는 홍콩에 갈 예정입니다.

- 나는 다시 한번 더 볼 예정입니다.

36

동방명주탑 〈东方明珠塔〉

오늘 배울 문장은? ~얼마예요?

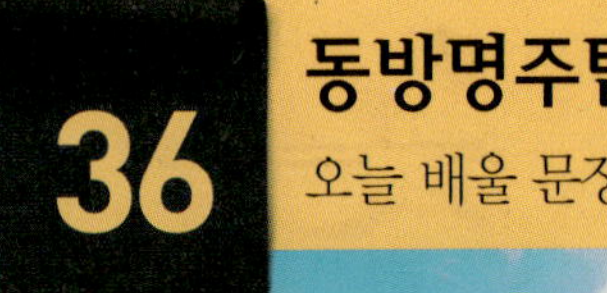

진정한 상하이의 랜드마크라 할 수 있죠. 동방의 빛나는 진주 구슬이라는 뜻을 가지고 있는 동방명주는 상하이 야경사진에 항상 등장하는 건물입니다. 붉은 구슬 세 개를 꿰어놓은 것 같은 외형이 인상적인데요. 이 건물은 높이가 468m로 티브이 송신탑 겸 관광 타워입니다. 1991년 7월 30일에 착공하여 1994년 10월 1일 국경일을 맞이하여 완성했다고 합니다. 이곳에 올라가면 바로 맞은편에 있는 황푸강과 와이탄이 선명하게 들어와요. 탑은 크게 263미터, 350미터 전망대 두 부분으로 나눠지고요. 267미터 지점에는 회전식 뷔페식당이 있으니 식사하면서 야경을 보기도 좋답니다.

이번 랜드마크에서는 어떤 대화를 하는지
먼저 살펴볼까요?

원어민의 음성을 들어보세요.

china_36.mp3

1

A : 사진 한 장만 찍어주시겠어요?

B : 네.

A : Nǐ néng bāng wǒ pāi yì zhāng zhàopiàn ma?

B : Hǎo de.

2

A : 동방명주 탑이랑 같이 나오게 찍어주세요.

B : 잠시만요. 사람 먼저 지나가고 찍어드릴게요.

A : Qǐng bǎ Dōngfāngmíngzhūtǎ yě yìqǐ pāi xiàlái.

B : Shāo děng yíxià, xiān děng xíngrén guò hòu zài pāi ba.

3

A : 상하이 푸동공항에서부터 동방명주까지 택시 타면 얼마 정도 나오죠?

B : 아마 백 위안 내외일 거예요.

A : Cóng Shànghǎi pǔdōng jīchǎng dǎdī dào Dōngfāngmíngzhū yào duōshao qián?

B : Kěnéng yìbǎi kuài zhīnèi ba.

오늘 학습할 주요 단어입니다.
먼저 단어를 학습한 이후 본문으로 넘어가세요.

하루 학습할 단어 분량이
요거~ 밖에 안 되네요.
확실하게 준비하세요.

• **把** bǎ
~을, ~를 이라는 뜻으로 뒤에 따라 나오는 목적어를 어떻게 하였다라는 능동태 표현입니다

• **一起** yìqǐ 같이, 함께

• **行人** xíngrén
행인, 길가는 사람

• **打的** dǎdī 택시를 타다

• **住** zhù 숙박하다, 묵다

• **押金** yājīn 보증금

이제 여행을 떠나 볼까요?
앞서 준비한 단어와 함께 차근차근 각 단계별로 학습해보세요.
🌺 랜드마크에 한 걸음 한 걸음 다가갈 수 있습니다.

tip

~多少~多少~ (얼마)~만큼 ~하다.

• 你有多少，我就买多少。
당신이 얼마 있으면 얼마 있는 대로 사겠다. (당신 가지고 있는 거 다 살게요.)

• 你有多少就吃多少，能不胖吗?
너는 어느 정도 있으면 어느 정도 있는 대로 먹으니 살이 안 찌냐? (있는 대로 다 먹으니 살이 안 찌겠냐?)

1

A: 你能帮我拍一张照片吗?

B: 好的。

2

A: 请把东方明珠塔也一起拍下来。

B: 稍等一下，先等行人过后再拍吧。

3

A: 从上海浦东机场打的到东方明珠要多少钱?

B: 可能一百块之内吧。

1

A: Nǐ néng bāng wǒ pāi yì zhāng zhàopiàn ma?

B: Hǎo de.

2

A: Qǐng bǎ Dōngfāngmíngzhūtǎ yě yìqǐ pāi xiàlái.

B: Shāo děng yíxià, xiān děng xíngrén guò hòu zài pāi ba.

3

A: Cóng Shànghǎi pǔdōng jīchǎng dǎdī dào Dōngfāngmíngzhū yào duōshao qián?

B: Kěnéng yìbǎi kuài zhīnèi ba.

1

A: 사진 한 장만 찍어주시겠어요?

B: 네.

2

A: 동방명주 탑이랑 같이 나오게 찍어주세요.

B: 잠시만요. 사람 먼저 지나가고 찍어드릴게요.

3

A: 상하이 푸동공항에서부터 동방명주까지 택시 타면 얼마 정도 나오죠?

B: 아마 백 위안 내외일 거예요.

기억하기

랜드마크 여행의 추억을 오랫동안 기억하기 위해
여행 중에 인상 깊었던 내용을 반복합니다.

 아래의 QR코드로 영상을 보며
큰소리로 따라 말해보세요.

~多少钱?

- 一共 **多少钱?**

- 门票 **多少钱?**

- 一个小时 **多少钱?**

- 住一天 **多少钱?**

- 押金是 **多少钱?**

~duōshao qián?

~얼마예요?

- Yígòng duōshao qián?

- Ménpiào duōshao qián?

- Yí ge xiǎoshí duōshao qián?

- Zhù yì tiān duōshao qián?

- Yājīn shì duōshao qián?

- 총 얼마예요?

- 입장권이 얼마예요?

- 한 시간에 얼마예요?

- 하루 묵는데 얼마예요?

- 보증금이 얼마예요?

2008년에 완공된 상하이 최고층 빌딩으로 총 101층에 492 미터를 자랑합니다. 건물 위쪽의 공간이 마치 병따개를 연상시켜서 병따개 건물이라고도 불려요. 일본계 부동산 회사인 모리 그룹의 소유인데 원래는 그 공간이 동그랗게 만들어졌었는데 일장기 같다는 반발이 있어서 네모나게 바뀌었는 설이 있어요. 지하 2층부터 3층까지는 고급 식당들이 있고 73-93층은 파크하얏트호텔, 94,97,100층에 각각 전망대를 가지고 있어서 관광객의 발길이 끊이질 않고 있습니다. 전망대가 강화유리로 되어 있으니 100층 유리 위에서 상하이를 내려다보실 수 있습니다. 튼튼한 건 알지만 유리라고 생각하니 괜히 아찔해지는데요. 그러다 보니 유리 위에 앉아서 인증샷을 찍는 사람들도 많습니다.

이번 랜드마크에서는 어떤 대화를 하는지
먼저 살펴볼까요?

 원어민의 음성을 들어보세요.

china_37.mp3

1

A : 저기에 있는 저 건물이 이름이 뭐야?

B : 상하이세계금융센터야. 101층이고, 현재 중국에
서 3번째로 높은 빌딩이래.

A : Nà biān nà dòng jiào shénme míngzi?

B : Shì Shànghǎi huánqiú Jīnróng zhōngxīn, Yī bǎi líng yī
céng. mùqián Zhōngguó dì sān gāo lóu.

2

A : 안에 뭐 있어?

B : 호텔 있고, 전망대도 있어. 100층에서 경치 볼
수 있는 곳이야.

A : Lǐmiàn yǒu shénme?

B : Yǒu jiǔdiàn, hái yǒu guānjǐngtái. zài yī bǎi céng kěyǐ
guānjǐng.

3

A : 상하이세계금융센터가 봤어?

B : 가봤어. 전망대에서 도시 내려다보면 상하이의
매력을 느낄 수 있지.

A : Nǐ qùguo Shànghǎi huánqiú Jīnróng zhōngxīn ma?

B : Qùguo. zài zuì gāo de guānjǐngtái fǔkàn chéngshì, kěyǐ
gǎnshòu dào Shànghǎi de mèilì.

오늘 학습할 주요 단어입니다.
먼저 단어를 학습한 이후 본문으로 넘어가세요.

❀ 하루 학습할 단어 분량이
요거~ 밖에 안 되네요.
확실하게 준비하세요.

- 栋 dòng
  (건물을 세는 단위) 동, 채
- 楼 lóu 층, 건물
- 目前 mùqián 지금, 현재
- 观景台 guānjǐngtái 전망대
- 俯看 fǔkàn 내려다보다
- 感受 gǎnshòu
  느끼다, 받다, 체험, 느낌, 인상
- 魅力 mèilì 매력
- 演员 yǎnyuán 배우

이제 여행을 떠나 볼까요?
앞서 준비한 단어와 함께 차근차근 각 단계별로 학습해보세요.

🌸 랜드마크에 한 걸음 한 걸음 다가갈 수 있습니다.

STEP 1. 중국어 반복 듣기

1

A: 那边那栋楼叫什么名字?

B: 是上海环球金融中心，101层。目前中国第3高楼。

2

A: 里面有什么?

B: 有酒店，还有观景台。在100层可以观景。

3

A: 你去过上海环球金融中心吗?

B: 去过。在最高的观景台俯看城市，可以感受到上海的魅力。

<table>
<tr><td>

1

A: Nà biān nà dòng lóu jiào shénme míngzi?

B: Shì Shànghǎi huánqiú Jīnróng zhōngxīn, Yī bǎi líng yī céng. mùqián Zhōngguó dì sān gāo lóu.

2

A: Lǐmiàn yǒu shénme?

B: Yǒu jiǔdiàn, hái yǒu guānjǐngtái. zài yī bǎi céng kěyǐ guānjǐng.

3

A: Nǐ qùguo Shànghǎi huánqiú Jīnróng zhōngxīn ma?

B: Qùguo. zài zuì gāo de guānjǐngtái fǔkàn chéngshì, kěyǐ gǎnshòu dào Shànghǎi de mèilì.

</td><td>

1

A: 저기에 있는 저 건물이 이름이 뭐야?

B: 상하이세계금융센터야. 101층이고, 현재 중국에서 3번째로 높은 빌딩이래.

2

A: 안에 뭐 있어?

B: 호텔 있고, 전망대도 있어. 100층에서 경치 볼 수 있는 곳이야.

3

A: 상하이세계금융센터가 봤어?

B: 가봤어. 전망대에서 도시 내려다보면 상하이의 매력을 느낄 수 있지.

</td></tr>
</table>

랜드마크 여행의 추억을 오랫동안 기억하기 위해
여행 중에 인상 깊었던 내용을 반복합니다.

 아래의 QR코드로 영상을 보며
큰소리로 따라 말해보세요.

~叫什么名字?

- 你**叫什么名字**?

- 你弟弟**叫什么名字**?

- 这朵花**叫什么名字**?

- 这条街**叫什么名字**?

- 这位演员**叫什么名字**?

~jiào shénme míngzi?

~는 이름이 뭐예요?
~라고 불리나요?

- Nǐ jiào shénme míngzi?

- Nǐ dìdi jiào shénme míngzi?

- Zhè duǒ huā jiào shénme míngzi?

- Zhè tiáo jiē jiào shénme míngzi?

- Zhè wèi yǎnyuán jiào shénme míngzi?

- 당신은 이름이 뭐예요?

- 남동생 이름이 뭐예요?

- 이 꽃 이름이 뭐예요?

- 이 길 이름이 뭐예요?

- 이 배우 이름이 뭐예요?

랜드마크 중국 여행
1일 상하이(上海) 근교

40 저우좡
39 시탕
38 상하이디즈니랜드

상하이디즈니랜드 〈上海迪士尼乐园〉

오늘 배울 문장은? 곧 ~합니다.

중국에는 처음으로 아시아에서는 세 번째로 생긴 디즈니랜드예요. 2016년 6월 16일에 정식 개방했습니다. 총 여섯 개 구역으로 나눠져 있고요. 약 6조 원이 들어간 거대한 스케일이라고 하는데요. 영화 〈트론〉에 등장했던 오토바이를 그대로 재현한 놀이기구와 세계에서 가장 큰 신데렐라 성도 볼 수 있다고 합니다.

디즈니랜드를 지하철로 갈 때는 11호선을 이용하시면 됩니다. 11호선의 마지막 역이에요. 11호선 쟝수루역江苏路站 에서 디즈니리조트역 까지는 대략 50분 정도가 소요됩니다.

미리보기

이번 랜드마크에서는 어떤 대화를 하는지
먼저 살펴볼까요?

원어민의 음성을 들어보세요.

china_38.mp3

1

A : 너 오늘 왜 이렇게 신났어?

B : 나 바로 내일 상하이 디즈니랜드 간다고!

A : Nǐ jīntiān wèishénme zhème xīngfèn?

B : Wǒ míngtiān jiù yào qù Shànghǎi díshìní le!

2

A : 누구랑 같이 가?

B : 룸메이트랑 같이 가. 너무 흥분된다.

A : Gēn shéi yìqǐ qù?

B : Gēn wǒ de shìyǒu yìqǐ qù. tài jīdòng le.

3

A : 내일 상하이 디즈니랜드 갈 건데, 몇 시에 가야
할까?

B : 무조건 일찍! 8시쯤 오픈하는 거 같은데, 그때
도 이미 줄 서 있대.

A : Míngtiān xiǎng qù Shànghǎi díshìní, yào jǐ diǎn qù?

B : Kěndìng yào zǎo! hǎoxiàng bā diǎn kāimén, nàshí ménkǒu
yǐjīng dōu páiduì le.

준비하기

오늘 학습할 주요 단어입니다.
먼저 단어를 학습한 이후 본문으로 넘어가세요.

하루 학습할 단어 분량이
요거~ 밖에 안 되네요.
확실하게 준비하세요.

- 兴奋 xīngfèn
  격분하다, 흥분하다
- 室友 shìyǒu 룸메이트
- 激动 jīdòng
  (감정 등이) 격하게 움직이다, 감
  동하다, 흥분하다

- 肯定 kěndìng
  확실히, 틀림없이, 의심할 여지없이
- 毕业 bìyè 졸업(하다)
- 回国 huíguó 귀국하다
- 集合 jíhé 집합(하다)

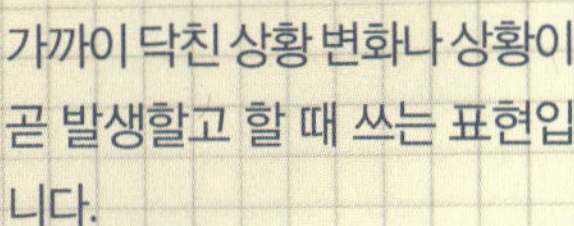

이제 여행을 떠나 볼까요?
앞서 준비한 단어와 함께 차근차근 각 단계별로 학습해보세요.

🌺 랜드마크에 한 걸음 한 걸음 다가갈 수 있습니다.

tip

가까이 닥친 상황 변화나 상황이 곧 발생할고 할 때 쓰는 표현입니다.

'곧 ~하려고 하다, 곧 ~할 예정이다' 라는 의미입니다.

비슷한 표현으로는 要~了 / 快要~了 / 快~了 /就~了 가 있는데요.

要~了 '~하려고 하다, ~할 것이다' 의 의미인데 시간이 조금더 긴박함을 표현할 때 앞에 快, 就 를 넣어줍니다. 이때 要 를 생략해서 快~了/ 就~了라고 쓸 수 있습니다.

• 要下雨了。
  비가 오려고 합니다.
• 快毕业了。 곧 졸업해요.
• 就要开始了。 곧 시작합니다.

1

A: 你今天为什么这么兴奋?

B: 我明天就要去上海迪士尼了！

2

A: 跟谁一起去?

B: 跟我的室友一起去。太激动了。

3

A: 明天想去上海迪士尼，要几点去?

B: 肯定要早！好像8点开门，那时门口已经都排队了。

1

A: Nǐ jīntiān wèishénme zhème xīngfèn?

B: Wǒ míngtiān jiù yào qù Shànghǎi díshìní le!

2

A: Gēn shéi yìqǐ qù?

B: Gēn wǒ de shìyǒu yìqǐ qù. tài jīdòng le.

3

A: Míngtiān xiǎng qù Shànghǎi díshìní, yào jǐ diǎn qù?

B: Kěndìng yào zǎo! hǎoxiàng bā diǎn kāimén, nàshí ménkǒu yǐjīng dōu páiduì le.

1

A: 너 오늘 왜 이렇게 신났어?

B: 나 바로 내일 상하이 디즈니랜드 간다고!

2

A: 누구랑 같이 가?

B: 룸메이트랑 같이 가. 너무 흥분된다.

3

A: 내일 상하이 디즈니랜드 갈 건데, 몇 시에 가야 할까?

B: 무조건 일찍! 8시쯤 오픈하는 거 같은데, 그때도 이미 줄 서 있대.

기억하기

랜드마크 여행의 추억을 오랫동안 기억하기 위해 여행 중에 인상 깊었던 내용을 반복합니다.

아래의 QR코드로 영상을 보며 큰소리로 따라 말해보세요.

就要~了。

· 就要毕业了。

· 就要回国了。

· 就要开始了。

· 就要结束了。

· 就要集合了。

Jiù yào ~ le.

곧 ~합니다.

- Jiù yào bìyè le.

- Jiù yào huíguó le.

- Jiù yào kāishǐ le.

- Jiù yào jiéshù le.

- Jiù yào jíhé le.

- 곧 졸업합니다.

- 곧 귀국합니다.

- 곧 시작합니다.

- 곧 끝납니다.

- 곧 집합합니다.

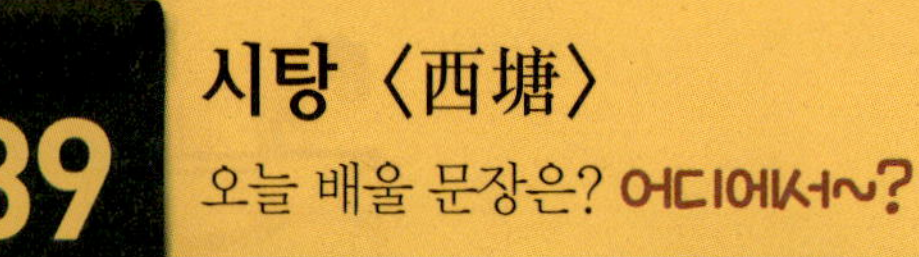

시탕 〈西塘〉

오늘 배울 문장은? **어디에서~?**

수향 마을이란 물가에 마을이 조성된, 일명 물의 도시라는 뜻이죠. 시탕은 강남수향 6대 마을 중 보존이 제일 잘되어 있는 곳이라고도 합니다. (여기서 강남이란 양쯔 강 이남의 대표적인 물 고장을 말합니다.) 시탕 홈페이지에 따르면 중국에서도 AAAA급 경치를 자랑하는 곳이라네요. 이곳 대부분의 건물들이 명청시대에 만들어진 거라니 신기한데요. 이곳은 영화 미션 임파서블 3의 촬영지가 되어 더 유명해졌습니다. 시탕은 천년의 역사와 아름다움을 가졌다는 수식어를 가진 곳이기도 합니다.

이번 랜드마크에서는 어떤 대화를 하는지
먼저 살펴볼까요?

원어민의 음성을 들어보세요.

china_39.mp3

1

A : 수향 마을에 왔으면 반드시 유람선을 타야지,
자 그럼 어디에서 배 타면 되지?

B : 저쪽에 유람선 부두 있다.

A : Dào shuǐxiāng bìxū děi zuò yóuchuán, nàme zài nǎr kěyǐ
zuò chuán?

B : Nàbiān yǒu yóuchuán mǎtóu.

2

A : 배 티켓 얼마지?

B : 만약에 네가 입장권이 있으면 한 사람당 20위안,
6명이 타야 하고. 배 한대 빌리게 되면 150위안.

A : Chuánpiào duōshao qián?

B : Rúguǒ nǐ yǒu ménpiào èrshí yuán yí ge rén, liù rén
kāichuán! yě kěyǐ bāochuán yībǎi wǔshí kuài qián.

3

A : 상하이에서 시탕까지 몇 킬로미터죠?

B : 총 거리는 대략 79.2km예요.

A : Shànghǎi dào Xītáng duōshǎo gōnglǐ?

B : Quánchéng dàyuē qīshí jiǔ diǎn èr gōnglǐ.

오늘 학습할 주요 단어입니다.
먼저 단어를 학습한 이후 본문으로 넘어가세요.

하루 학습할 단어 분량이
요거~ 밖에 안 되네요.
확실하게 준비하세요.

- **坐船** zuò chuán 배를 타다
- **游船** yóuchuán 유람선
- **码头** mǎtóu 부두
- **全程** quánchéng 전 코스
- **大约** dàyuē 대략, 대강, 얼추
- **公里** gōng lǐ 킬로미터
- **转机** zhuǎnjī 비행기를 갈아타다
- **取** qǔ 취하다, 찾다, 고르다

이제 여행을 떠나 볼까요?
앞서 준비한 단어와 함께 차근차근 각 단계별로 학습해보세요.
🌺 랜드마크에 한 걸음 한 걸음 다가갈 수 있습니다.

tip

几와 多少는 모두 수량을 물을 때 사용하는데, 질문 대상이 1-10 사이로 낮은 숫자가 예상되는 경우에는 几를 사용합니다.

- 你几岁了? 몇 살이야?
- 今天星期几?
  오늘 무슨 요일이죠?
- 1万韩币等于多少人民币?
  한국돈 만원은 인민폐 얼마죠?

1

A: 到水乡必须得坐游船，那么在哪儿可以坐船?

B: 那边有游船码头。

2

A: 船票多少钱?

B: 如果你有门票20元一个人，6人开船！也可以包船150块钱。

3

A: 上海到西塘多少公里?

B: 全程大约79.2公里。

1

A: Dào shuǐxiāng bìxū děi zuò yóuchuán , nàme zài nǎr kěyǐ zuò chuán?

B: Nàbiān yǒu yóuchuán mǎtóu.

2

A: Chuánpiào duōshao qián?

B: Rúguǒ nǐ yǒu ménpiào èrshí yuán yí ge rén , liù rén kāichuán! yě kěyǐ bāochuán yībǎi wǔshí kuài qián.

3

A: Shànghǎi dào Xītáng duōshǎo gōnglǐ?

B: Quánchéng dàyuē qīshí jiǔ diǎn èr gōnglǐ.

1

A: 수향 마을에 왔으면 반드시 유람선을 타야지, 자 그럼 어디에서 배 타면 되지?

B: 저쪽에 유람선 부두 있다.

2

A: 배 티켓 얼마지?

B: 만약에 네가 입장권이 있으면 한 사람당 20위안, 6명이 타야 하고! 배 한대 빌리게 되면 150위안.

3

A: 상하이에서 시탕까지 몇 킬로미터죠?

B: 총 거리는 대략 79.2km예요.

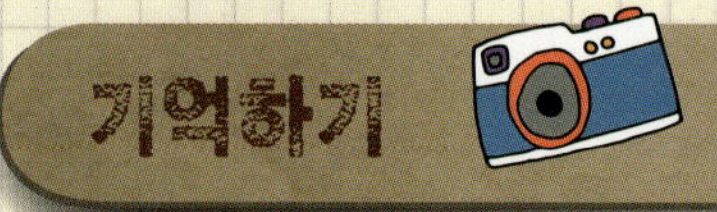

랜드마크 여행의 추억을 오랫동안 기억하기 위해
여행 중에 인상 깊었던 내용을 반복합니다.

在哪儿~?

- 在哪儿买票?

- 在哪儿出发?

- 在哪儿能买到?

- 在哪儿转机?

- 在哪儿取行李?

Zài năr~?

- Zài năr măi piào?

- Zài năr chūfā?

- Zài năr néng măi dào?

- Zài năr zhuănjī?

- Zài năr qŭ xíngli?

어디에서~?

- 어디에서 표를 사나요?

- 어디에서 출발하나요?

- 어디에서 살 수 있나요?

- 어디에서 비행기를 갈아타나요?

- 어디에서 짐을 찾나요?

저우쫭 〈周庄〉

오늘 배울 문장은? ~(할)만하다.

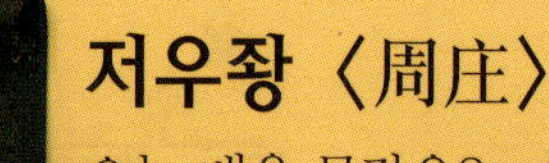

중국에는 "중국 산천의 아름다움은 황산에 집결해 있고 중국 수향의 아름다움은 저우쫭에 집중돼있다" 라는 말이 있습니다. 명청대의 모습을 잘 보존하고 있는데요. 여행자원이 잘 되어 있는 것에 반면 개발로 인해 약간 인위적인 색채도 있습니다. 이곳은 중국 제1의 수상도시라고 불리는 곳인데요. 각각의 건축 특색을 지닌 14개의 옛다리를 잘 보존하고 있어서 저우쫭의 아름다운 볼거리로 꼽히고 있습니다. 이 중에서 가장 유명한 것이 쌍교(双桥)입니다. 상하이에서 1시간 반 정도 걸리는 곳에 위치하기 때문에 상하이 여행을 가면 꼭 들려야 할 명소로 꼽히고 있습니다.

이번 랜드마크에서는 어떤 대화를 하는지
먼저 살펴볼까요?

 원어민의 음성을 들어보세요.

china_40.mp3

1.

A : 이번 주말에 차 대절해서 저우쫭 가려고 하는데,
갈만할까?

B : 무조건 가볼만하지.

A : Zhè zhōumò wǒ bāo chē qù Zhōuzhuāng, nà lǐ zhí dé yí qù ma?

B : Jué duì zhí dé yì yóu.

2

A : 상하이에서 저우쫭 가는데 이틀이면 충분히 놀
수 있을까?

B : 충분해. 하루 만에도 왔다 갔다 할 수 있어.

A : Cóng Shànghǎi qù Zhōuzhuāng wán liǎng tiān gòu ma?

B : Gòu le, yě kěyǐ dāngtiān láihuí.

3

A : 저우주앙 은 언제 가는 것이 제일 좋아요?

B : 제일 좋은 계절은 3월~5월달입니다. 정말 아름
다워요.

A : Zhōuzhuāng shénme shíhou qù zuì hǎo ne?

B : Zuì jiā jìjié shì sān yuè fèn dào wǔ yuè fèn, zhēn de hěn měilì.

준비하기

오늘 학습할 주요 단어입니다.
먼저 단어를 학습한 이후 본문으로 넘어가세요.

하루 학습할 단어 분량이
요거~ 밖에 안 되네요.
확실하게 준비하세요.

- **包车** bāo chē
차량 전세 내다, 대절하다
- **美誉** měi yù 명성, 명예
- **绝对** jué duì
절대로, 반드시, 완전히

- **够** gòu
필요한 수량, 기준 등을 만족시키다
- **最佳** zuì jiā
최적이다, 최상의, 가장 뛰어난
- **季节** jìjié 계절

이제 여행을 떠나 볼까요?
앞서 준비한 단어와 함께 차근차근 각 단계별로 학습해보세요.

🌸 랜드마크에 한 걸음 한 걸음 다가갈 수 있습니다.

tip

숫자 2 읽는 법
- (1) 二 èr 서수, 두 자리 숫자에 등장하는 2
  第二届 제2회
  二十 이십

- (2) 两 liǎng 양사 앞, 2시, 천, 만, 억 단위 앞의 2
  两位 두분, 两点 두시, 两万 2만

- 二/两 백 단위 앞의 2
  两百, 二百 200

1

A: 这周末我包车去周庄，那里值得一去吗？

B: 绝对值得一游。

2

A: 从上海去周庄玩两天够吗？

B: 够了，也可以当天来回。

3

A: 周庄什么时候去最好呢？

B: 最佳季节是3月份到5月份，真的很美丽。

1

A: Zhè zhōumò wǒ bāo chē qù Zhōuzhuāng, nà lǐ zhí dé yí qù ma?

B: Jué duì zhí dé yì yóu.

2

A: Cóng Shànghǎi qù Zhōuzhuāng wán liǎng tiān gòu ma?

B: Gòu le, yě kěyǐ dāngtiān láihuí.

3

A: Zhōuzhuāng shénme shíhou qù zuì hǎo ne?

B: Zuì jiā jìjié shì sān yuè fèn dào wǔ yuè fèn, zhēn de hěn měilì.

1

A: 이번 주말에 차 대절해서 저우쫭 가려고 하는데, 갈 만할까?

B: 무조건 가볼만 하지.

2

A: 상하이에서 저우쫭 가는데 이틀이면 충분히 놀 수 있을까?

B: 충분해. 하루만에도 왔다갔다 할 수 있어.

3

A: 저우주앙 은 언제 가는 것이 제일 좋아요?

B: 제일 좋은 계절은 3월~5월달입니다. 정말 아름다워요.

랜드마크 여행의 추억을 오랫동안 기억하기 위해
여행 중에 인상 깊었던 내용을 반복합니다.

 아래의 QR코드로 영상을 보며
큰소리로 따라 말해보세요.

值得一~

· 值得一试。

· 值得一看。

· 值得一找。

· 值得一玩。

· 值得一尝。

Zhí dé yī~

- Zhí dé yí shì.

- Zhí dé yí kàn.

- Zhí dé yì zhǎo.

- Zhí dé yì wán.

- Zhí dé yì cháng.

~(할)만하다.

- 해볼 만하다.

- 볼만하다.

- 찾을만하다.

- 놀만하다.

- 맛볼만하다.

세계 유명 호텔 이름 알아보기

중국에 여행이나 출장을 가면 호텔에 자는 경우가 있을 텐데요.
중국은 영문을 그대로 사용하지 않기 때문에 세계적인 호텔이라도 영문 그대로 사용해서 얘
기하면 현지인들이 못 알아듣는 경우가 생긴답니다
그래서 유명 호텔 이름 중국어로 알아두시면 유용할 거예요.
입국 카드에도 영어가 아닌 중국어로 적는다면 더 좋겠죠.
자, 우리가 예약한 숙소도 있는지 어디 한번 살펴볼까요?

洲际酒店 zhōujìjiǔdiàn 인터컨티넨탈 호텔

皇冠假日酒店 huángguānjiàrìjiǔdiàn 크라운프라자 호텔

假日酒店 jiàrìjiǔdiàn 홀리데이인

喜来登酒店 xǐláidēngjiǔdiàn 쉐라톤 호텔

四季酒店 sìjì jiǔdiàn 포시즌 호텔

柏悦酒店 bóyuèjiǔdiàn 파트하얏트

凯悦酒店 kǎiyuèjiǔdiàn 하얏트 리젠시

君悦酒店 jūnyuèjiǔdiàn 그랜드 하얏트

千禧希尔顿酒店 qiānxǐxīěrdùnjiǔdiàn 밀레니엄 힐튼

希尔顿酒店 xīěrdùnjiǔdiàn 힐튼 호텔

康纳德酒店 Kāngnàdéjiǔdiàn 콘래드 호텔

JW万豪酒店 wànháojiǔdiàn JW매리어트 호텔

丽思卡尔顿酒店 lìsīkǎěrdùnjiǔdiàn 리치칼튼 호텔

万丽酒店 wànlìjiǔdiàn 르네상스 호텔

万怡酒店 wànyíjiǔdiàn 코트야드 호텔

华美达酒店 huáměidájiǔdiàn 라마다 호텔

索菲特 suǒfēitè 소피텔

诺富特酒店 nuòfùtèjiǔdiàn 노보텔

宜必思 yíbìsī 이비스

香格里拉大酒店 Xiānggélǐlādàjiǔdiàn 샹그릴라 호텔

文华东方酒店 wénhuádōngfāngjiǔdiàn 만다린 오리엔탈

半岛酒店bàndǎojiǔdiàn 페닌슐라 호텔

华克山庄酒店huákèshānzhuāng 워커힐 호텔

朗廷酒店lǎngtíngjiǔdiàn 랭햄 호텔

凯宾斯基 kǎibīnsījīfàndiàn 캠핀스키 호텔

랜드마크 중국 여행
홍콩(香港) 첫째날

42 소호
43 센트럴
41 빅토리아피크
44 란콰이펑

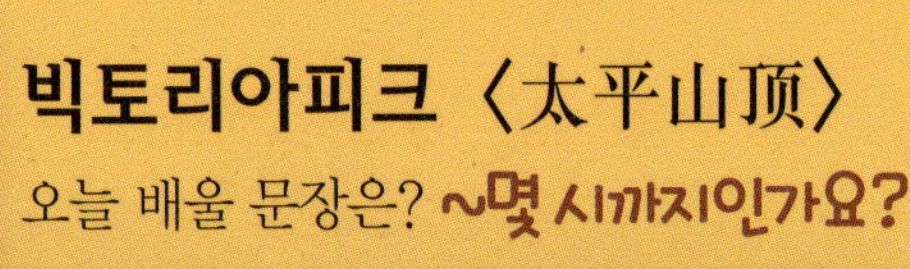

빅토리아피크 〈太平山顶〉

오늘 배울 문장은? ∿몇 시까지인가요?

홍콩의 필수 관광지 중 하나인 빅토리아 피크, 이곳이 관광지로 변모하게 된 것은 홍콩이 영국 식민지로 편입된 19세기 초였는데요. 빅토리아 피크에서 내려다 보이는 수려한 경관에 반한 당시 홍콩 총독이 이곳에 별장을 지으면서 유럽인들 사이에서는 이곳에 집이나 별장을 마련하는 것이 유행처럼 번졌다고 해요.

● 홍콩에 왔으면 꼭! ●

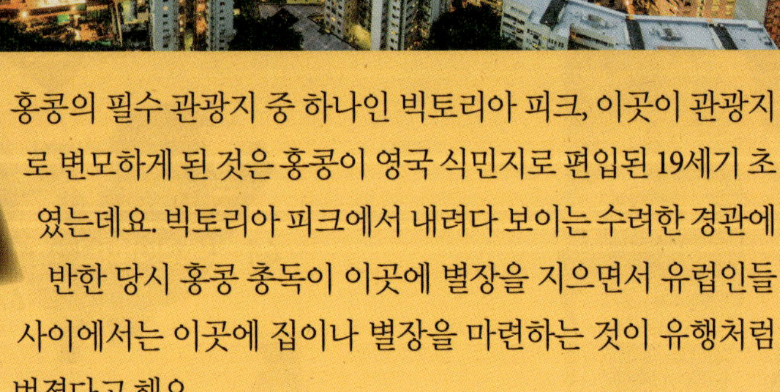

山顶缆车 피크트램 : 예전에는 빅토리아 피크에 오르려면 가마꾼들이 끄는 가마를 타야 했다고 합니다. 그렇게 가마를 타고 빅토리아 피크를 올랐던 시절, 홍콩 정부는 이 주변을 관광지 및 거주지로 개발하기 위해 센트럴 근처와 산 정상을 오가는 열차를 개발하기로 결정하는데요. 그것이 지금의 피크트램입니다. 정상까지 도착하는 시간은 약 7분 정도 걸린답니다.

이번 랜드마크에서는 어떤 대화를 하는지
먼저 살펴볼까요?

원어민의 음성을 들어보세요.

china_41.mp3

1

A : 이틀 후에 남편과 홍콩 자유여행가요. 피크트램 막차가 몇 시까지 인가요?

B : 저도 정확히는 모르겠는데. 저녁 12시쯤 아닐까요.

A : Guò liǎngtiān gēn lǎogōng yìqǐ qù Xiānggǎng zìyóuxíng. shāndǐng lǎnchē de mòbānchē dào jǐ diǎn?

B : Wǒ yě bú tài qīngchu, wǎnshang shí'èr diǎn chàbuduō ba.

2

A : 트램 타고 올라가는데 얼마나 걸려요?

B : 10분은 안 걸릴 겁니다. 노선은 짧아요.

A : Zuò lǎnchē shàng qù yào duōcháng shíjiān?

B : Yīnggāi méi dào shí fēnzhōng, lù chéng hěn duǎn de.

3

A : 이 지도 가져가도 되나요?

B : 됩니다. 무료예요.

A : Bǎ zhè ge dìtú ná zǒu xíng ma?

B : Kěyǐ ya, shì miǎnfèi de.

오늘 학습할 주요 단어입니다.
먼저 단어를 학습한 이후 본문으로 넘어가세요.

하루 학습할 단어 분량이
요거~ 밖에 안 되네요.
확실하게 준비하세요.

- **老公** lǎogōng 남편, 신랑
- **自由行** zìyóuxíng 자유여행
- **缆车** lǎnchē 케이블카, 리프트
- **末班车** mòbānchē 막차
- **路程** lù chéng 총 노선거리, 소요거리
- **退房** tuìfáng 체크아웃하다
- **营业** yíngyè 영업하다
- **早餐** zǎocān 조식
- **客房服务** kèfángfúwù 룸서비스

이제 여행을 떠나 볼까요?
앞서 준비한 단어와 함께 차근차근 각 단계별로 학습해보세요.
랜드마크에 한 걸음 한 걸음 다가갈 수 있습니다.

tip

가족 친척에 대한 표현 알아보기

- 爷爷 yéye 할아버지
- 奶奶 nǎinai 할머니
- 爸爸 bàba 아빠
- 妈妈 māma 엄마
- 姐姐 jiějie 누나, 언니
- 姐夫 jiěfu 매형, 형부
- 哥哥 gēge 형, 오빠
- 弟弟 dìdi 남동생
- 嫂子 sǎozi 형수, 제수, 올케
- 妹妹 mèimei 여동생
- 侄子 / 侄女 zhízi /zhínǚ
  조카(오빠, 형, 남동생의 아들/딸)
- 外甥 /外甥女
  wàisheng /wàishengnǚ
  조카(언니, 누나, 여동생의 아들/딸)
- 外公(姥爷) wài gōng (lǎoye)
  외할아버지
- 外婆 (姥姥) wàipó (lǎolao)
  외할머니
- 公公 gōnggong 시아버지
- 婆婆 pópo 시어머니
- 丈人 zhàng rén 장인
- 丈母娘 zhàngmǔniáng 장모
- 女婿 nǚxù 사위
- 儿媳妇 érxífu 며느리
- 爱人 àirén 배우자
  (老公 lǎo gōng 남편,
  老婆 lǎo pó 아내)

STEP 1. 중국어 반복 듣기

1

A: 过两天跟老公一起去香港自由行。山顶缆车的末班车到几点?

B: 我也不太清楚。晚上12点差不多吧。

2

A: 坐缆车上去要多长时间?

B: 应该没到10分钟，路程很短的。

3

A: 把这个地图拿走行吗?

B: 可以呀，是免费的。

1

A: Guò liǎngtiān gēn lǎogōng yìqǐ qù Xiānggǎng zìyóuxíng. shāndǐng lǎnchē de mòbānchē dào jǐ diǎn?

B: Wǒ yě bú tài qīngchu wǎnshang shí'èr diǎn chàbuduō ba.

2

A: Zuò lǎnchē shàng qù yào duōcháng shíjiān?

B: Yīnggāi méi dào shí fēnzhōng, lù chéng hěn duǎn de.

3

A: Bǎ zhè ge dìtú ná zǒu xíng ma?

B: Kěyǐ ya, shì miǎnfèi de.

1

A: 이틀 후에 남편과 홍콩 자유여행 가요. 피크트램 막차가 몇 시까지인가요?

B: 저도 정확히는 모르겠는데. 저녁 12시쯤 아닐까요.

2

A: 트램 타고 올라가는데 얼마나 걸려요?

B: 10분은 안 걸릴 겁니다. 노선은 짧아요.

3

A: 이 지도 가져가도 되나요?

B: 됩니다. 무료예요.

랜드마크 여행의 추억을 오랫동안 기억하기 위해
여행 중에 인상 깊었던 내용을 반복합니다.

 아래의 QR코드로 영상을 보며
큰소리로 따라 말해보세요.

~到几点?

- 退房**到几点?**

- 营业**到几点?**

- 早餐**到几点?**

- 客房服务**到几点?**

- 从几点**到几点?**

~dào jǐ diǎn?

~몇 시까지인가요?

- Tuìfáng dào jǐ diǎn?

- Yíngyè dào jǐ diǎn?

- Zǎocān dào jǐ diǎn?

- Kèfángfúwù dào jǐ diǎn?

- Cóng jǐdiǎn dào jǐ diǎn?

- 체크아웃 몇 시까지인가요?

- 영업은 몇 시까지 하나요?

- 조식은 몇 시까지인가요?

- 룸서비스는 몇 시까지인가요?

- 몇 시부터 몇 시까지인가요?

42

소호 〈苏豪〉

오늘 배울 문장은? ~무개(어떤 것들이) 있나요?

서울의 가로수길과 인사동을 섞은 것 같은 느낌을 주는 곳입니다. 아기자기한 카페들이 늘어서 있는가 하면 골동품을 파는 가게들도 옹기종기 모여있어요.

미드레벨 에스컬레이터도 재미있는 경험이지만 걸어 내려오면서 구석구석 구경하는 재미도 쏠쏠합니다. 현대와 과거를 교차하는 모습에 반해 찾아오는 사람들이 많습니다.

● 한번 타보세요! ●

半山自动扶梯: 미드레벨 에스컬레이터

센트럴 퀸즈 로드에서 주거 지역인 미드레벨까지 무려 800m에 걸쳐 연결된 이 긴 에스컬레이터는 세상에서 가장 긴 에스컬레이터라는 이름으로 기네스북에 등재돼 있습니다. 영화 중경삼림의 한 장면으로 유명세를 톡톡히 치르는 명소이죠.

이번 랜드마크에서는 어떤 대화를 하는지
먼저 살펴볼까요?

 원어민의 음성을 들어보세요.

china_42.mp3

1

A : 와 이거 진짜 예쁘다!

B : 1+1입니다.

A : Wa, zhè ge hǎo piàoliang!

B : Zhè kuǎn dōu shì mǎi yī sòng yī.

2

A : 진짜요? 입어봐도 되나요?

B : 당연히 되죠. 탈의실은 저 쪽입니다.

A : Zhēn de ma? Wǒ kěyǐ shì yíxià ma.

B : Dāngrán kěyǐ. gēngyīshì zài nà biān.

3

A : 소호에는 뭐가 있어요?

B : 소호는 이미 홍콩과 외부에서 온 패셔니스타들
의 메카가 됐죠. 작은 바, 개성 있는 샵, 골동품 샵
등 둘러볼만해요.

A : Sūháo qū dōu yǒu nǎxiē?

B : Sūháo yǐjīng chéngwéi Xiānggǎng běndì hé wàilái cháorén
de cháoshèngdì. xiǎojiǔbā gèxìng xiǎodiàn gǔdǒngdiàn
děng zhí dé guàng yī guàng.

오늘 학습할 주요 단어입니다.
먼저 단어를 학습한 이후 본문으로 넘어가세요.

하루 학습할 단어 분량이
요거~ 밖에 안 되네요.
확실하게 준비하세요.

• 买一送一 mǎi yī sòng yī
1+1

• 更衣室 gēngyīshì
탈의실, 피팅룸, 비슷한 표현으로
试衣间 shìyījiān 도 있어요

• 潮人 cháorén 패셔니스타

• 潮圣地 cháoshèngdì 메카

• 个性 gèxìng 개성

• 古董 gǔ dǒng 골동품

• 名胜古迹 míngshènggǔjì
명승고적

이제 여행을 떠나 볼까요?
앞서 준비한 단어와 함께 차근차근 각 단계별로 학습해보세요.

🌺 랜드마크에 한 걸음 한 걸음 다가갈 수 있습니다.

STEP 1. 중국어 반복 듣기

tip

买一送一 가 1+1 그렇다면 2+1
은 뭐라고 할까요? 买2免1 이라
고 얘기합니다. 2개사면 1개 공
짜라는 뜻이지요.

- 재고정리 : 清仓 qīng cāng
- 정찰가 : 固定价 gù dìng jià
- 세일가 : 优惠价 yōu huì jià

1

A: 哇，这个好漂亮！
B: 这款都是买一送一。

2

A: 真的吗？我可以试一下
吗。
B: 当然可以。更衣室在那
边。

3

A: 苏豪区都有哪些？
B: 苏豪已经成为香港本地
和外来潮人的潮圣地。
小酒吧、个性小店、古
董店等值得逛一逛。

STEP 2. 병음 보고 말해보기	STEP 3. 우리말을 보고 중국어로 말해보기

1

A: Wa, zhè ge hǎo piàoliang!

B: Zhè kuǎn dōu shì mǎi yī sòng yī.

2

A: Zhēn de ma? Wǒ kěyǐ shì yíxià ma.

B: Dāngrán kěyǐ. gēngyīshì zài nà biān.

3

A: Sūháo qū dōu yǒu nǎxiē?

B: Sūháo yǐjīng chéngwéi Xiānggǎng běndì hé wàilái cháorén de cháoshèngdì. xiǎojiǔbā gèxìng xiǎodiàn gǔdǒngdiàn děng zhí dé guàng yī guàng.

1

A: 와 이거 진짜 예쁘다!

B: 1+1입니다.

2

A: 진짜요? 입어봐도 되나요?

B: 당연히 되죠. 탈의실은 저 쪽입니다.

3

A: 소호에는 뭐가 있어요?

B: 소호는 이미 홍콩과 외부에서 온 패셔니스타들의 메카가 됐죠. 작은 바, 개성 있는 샵, 골동품 샵 등 둘러볼만해요.

기억하기

랜드마크 여행의 추억을 오랫동안 기억하기 위해
여행 중에 인상 깊었던 내용을 반복합니다.

아래의 QR코드로 영상을 보며
큰소리로 따라 말해보세요.

~有哪些?

- 香港特产有哪些?

- 香港名胜古迹有哪些?

- 香港旅游景点有哪些?

- 香港好玩的地方有哪些?

- 香港服装品牌有哪些?

~yǒu nǎxiē?

~뭐가(어떤것들이) 있나요?

- Xiānggǎng tèchǎn yǒu nǎxiē?

- Xiānggǎng míngshèng gǔjì yǒu nǎxiē?

- Xiānggǎng lǚyóu jǐngdiǎn yǒu nǎxiē?

- Xiānggǎng hǎowán de dìfang yǒu nǎxiē?

- Xiānggǎng fúzhuāng pǐnpái yǒu nǎxiē?

- 홍콩 특산품은 뭐가 있나요?

- 홍콩의 명승고적은 뭐가 있나요?

- 홍콩의 여행지 명소는 뭐가 있나요?

- 홍콩에서 놀만한 데는 어디가 있나요?

- 홍콩 패션 브랜드는 뭐가 있나요?

43

센트럴 〈中环〉

오늘 배울 문장은? **조금도 ~하지 않아요.**

홍콩의 심장과도 같은 곳입니다. 1970년대부터 고층빌딩들이 건설되고 금융시장이 번성하기 시작했으며 주요 비즈니스 활동이 이곳을 중심으로 진행됐습니다. 시청사를 비롯해 금융권, 국제 규모의 기업들이 모여있고요. 고급 레스토랑, 바, 쇼핑센터들도 많이 있어서 필수 관광코스가 되었어요.

이번 랜드마크에서는 어떤 대화를 하는지
먼저 살펴볼까요?

 원어민의 음성을 들어보세요.

china_43.mp3

1

A : 오늘 점심은 센트럴에서 먹자.

B : 팀호완이 꼭 가봐야 하는 곳이라던데. 전 세계에
서 가장 싼 미슐랭 등급의 식당이라면서 맞아?

A : Wǒmen jīntiān zài zhōnghuán chī wǔfàn ba.

B : Tīng shuō tiānhǎoyùn shì yídìng yào qù de diàn. quánqiú
zuì piányi de mǐqílín xīngjí cāntīng, shì bu shì?

2

A : 응. 가고 싶어?

B : 완전!

A : Shìde. nǐ yào qù ma?

B : Fēicháng yuànyì!

3

A : 제가 홍콩에 대해서 전혀 모르는데, 관광 + 쇼
핑 이틀로 충분할까요?

B : 제 생각에는 시간이 너무 촉박할 거 같습니다.

A : Wǒ duì Xiānggǎng yìdiǎn yě bù shú, guānguāng jiā gòuwù
liǎngtiān shíjiān gòu ma?

B : Wǒ juéde zhè ge shíjiān ānpái shì fēicháng jǐnzhāng de.

오늘 학습할 주요 단어입니다.
먼저 단어를 학습한 이후 본문으로 넘어가세요.

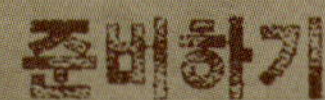 하루 학습할 단어 분량이
요거~ 밖에 안 되네요.
확실하게 준비하세요.

- **全球** quánqiú 전 세계
- **米其林** mǐqílín 미슐랭
- **星级** xīngjí 등급, 수준
- **愿意** yuànyì
  바라다, 희망하다
- **熟** shú 익숙하다, 잘 알다
- **加** jiā 더하다, 보태다

- **紧张** jǐnzhāng
  긴장해있다, 불안하다, 바쁘다, 긴
  박하다, 빠듯하다, 부족하다
- **专业** zhuānyè
  전공, 전문, 전문의
- **靠谱** kàopǔ
  이치에 부합되다, 믿음직하다

이제 여행을 떠나 볼까요?
앞서 준비한 단어와 함께 차근차근 각 단계별로 학습해보세요.

랜드마크에 한 걸음 한 걸음 다가갈 수 있습니다.

STEP 1. 중국어 반복 듣기

tip

이렇게 바꿔서도 표현할 수 있어요.

- 一~也/都+不/没~

- 我觉得汉语一点儿也不难。
  중국어는 조금도 어렵지 않아요.
- 中国我一次也没去过。
  중국은 한 번도 가본 적이 없어요
- 这件事我一点儿都不知道。
  이 일은 저는 아예 모르겠어요.

1

A: 我们今天在中环吃午饭吧。

B: 听说添好运是一定要去的店。全球最便宜的米其林星级餐厅，是不是？

2

A: 是的。你要去吗？

B: 非常愿意！

3

A: 我对香港一点也不熟，观光加购物两天时间够吗？

B: 我觉得这个时间安排是非常紧张的。

<table>
<tr><td>

1

A: Wǒmen jīntiān zài zhōnghuán chī wǔfàn ba.

B: Tīng shuō tiānhǎoyùn shì yídìng yào qù de diàn. quánqiú zuì piányi de mǐqílín xīngjí cāntīng, shì bu shì?

2

A: Shìde. nǐ yào qù ma?

B: Fēicháng yuànyì!

3

A: Wǒ duì Xiānggǎng yìdiǎn yě bù shú, guānguāng jiā gòuwù liǎngtiān shíjiān gòu ma?

B: Wǒ juéde zhè ge shíjiān ānpái shì fēicháng jǐnzhāng de.

</td><td>

1

A: 오늘 점심은 센트럴에서 먹자.

B: 팀호완이 꼭 가봐야 하는 곳이라던데. 전 세계에서 가장 싼 미슐랭 등급의 식당이라면서 맞아?

2

A: 응. 가고 싶어?

B: 완전!

3

A: 제가 홍콩에 대해서 전혀 모르는데, 관광 + 쇼핑 이틀로 충분할까요?

B: 제 생각에는 시간이 너무 촉박할 거 같습니다.

</td></tr>
</table>

랜드마크 여행의 추억을 오랫동안 기억하기 위해
여행 중에 인상 깊었던 내용을 반복합니다.

 아래의 QR코드로 영상을 보며
큰소리로 따라 말해보세요.

一点也不~

- 一点也不后悔。

- 一点也不科学。

- 一点也不专业。

- 一点也不好看。

- 一点也不靠谱。

Yìdiǎn yě bù~

조금도 ~하지 않아요.

- Yìdiǎn yě bú hòuhuǐ.

- Yìdiǎn yě bù kēxué.

- Yìdiǎn yě bù zhuānyè.

- Yìdiǎn yě bù hǎokàn.

- Yìdiǎn yě bú kàopǔ.

- 조금도 후회하지 않아요.

- 조금도 과학적이지 않아요.

- 조금도 전문적이지 않아요.

- 조금도 예쁘지 않아요.

- 조금도 믿을만하지 않아요.

44

란콰이펑 〈兰桂坊〉

오늘 배울 문장은? ~주세요.

홍콩에서 밤을 즐길 수 있는 곳을 물어본다면 단연 이 곳이 아닐까요. 낮에는 한산한 식당가이지만 밤만 되면 화려하고 시끄러운 클럽 거리가 됩니다. 줄지어 있는 네온 사인에 바와 펍에는 홍콩의 밤을 즐기는 사람들로 북적입니다. 때론 홍콩인지 서양인지 구별이 어려울 정도로 서양인들로 가득하답니다.

이번 랜드마크에서는 어떤 대화를 하는지
먼저 살펴볼까요?

 원어민의 음성을 들어보세요.

china_44.mp3

1

A : 오늘 왜 이렇게 예쁘게 꾸몄대?

B : 저녁에 친구랑 같이 란콰이펑 갈꺼야.

A : Jīntiān zěnme dǎban de zhème piàoliang?

B : Wǎnshang wǒ gēn péngyou yìqǐ qù Lánguìfāng.

2

A : 허허, 말로만 듣던 불야성에.

B : 맞아. 저녁에 란콰이펑 가면 엄청 시끌벅적하대. 잘생기고 예쁜 사람도 많고. 그래서 최선을 다해서 예쁘게 입었지.

A : Hēhē, chuánshuō zhōng de búyèjiē.

B : Duì a, wǎnshang qù Lánguìfāng zhēn de hěn rènao de. shuàigē měinǚ hěn duō. suǒyǐ wǒ yě yào jǐnliàng chuān piàoliang diǎn.

3

A : 모히또 한 잔 주세요.

B : 네, 다른 건 필요 없으세요?

A : Qǐng gěi wǒ yìbēi mòjítuō.

B : Hǎo de. hái yào bié de ma?

오늘 학습할 주요 단어입니다.
먼저 단어를 학습한 이후 본문으로 넘어가세요.

 하루 학습할 단어 분량이
요거~ 밖에 안 되네요.
확실하게 준비하세요.

- **打扮** dǎban
  치장하다, 화장하다, 단장하다, 꾸미다

- **尽量** jǐnliàng
  최대 한도에 이르다. 양을 다 채우다. 양껏 하다

- **莫吉托** mòjítuō
  (칵테일 이름) 모히토

- **餐巾纸** cānjīnzhǐ 냅킨

- **旗袍** qípáo 치파오

이제 여행을 떠나 볼까요?
앞서 준비한 단어와 함께 차근차근 각 단계별로 학습해보세요.
 랜드마크에 한 걸음 한 걸음 다가갈 수 있습니다.

STEP 1. 중국어 반복 듣기

tip

음식을 주문할 때는 보통 来/要
를 사용합니다. 이때 来 는 오다
가 아니라 ' 주문하다, 시키다, ~
를 주세요' 라는 의미로 사용이
됩니다.

• 你要点菜吗?
  주문하시겠어요?
• 来一个锅包肉，一瓶青岛
  啤酒。
  찹쌀 탕수육 하나랑 칭따오 맥
  주 한 병 주세요.

1

A: 今天怎么打扮得这么漂
亮?

B: 晚上我跟朋友一起去兰
桂坊。

2

A: 呵呵，传说中的不夜
街。

B: 对啊，晚上去兰桂坊真
的很热闹的。帅哥美女
很多。所以我也要尽量
穿漂亮点。

3

A: 请给我一杯莫吉托。

B: 好的，还要别的吗?

1

A: Jīntiān zěnme dǎban de zhème piàoliang?

B: Wǎnshang wǒ gēn péngyou yìqǐ qù Lánguìfāng.

2

A: Hēhē, chuánshuō zhōng de búyèjiē.

B: Duì a, wǎnshang qù Lánguìfāng zhēn de hěn rènao de. shuàigē měinǚ hěn duō. suǒyǐ wǒ yě yào jǐnliàng chuān piàoliang diǎn.

3

A: Qǐng gěi wǒ yìbēi mòjítuō.

B: Hǎo de, hái yào bié de ma?

1

A: 오늘 왜 이렇게 예쁘게 꾸몄대?

B: 저녁에 친구랑 같이 란콰이펑 갈 꺼야.

2

A: 허허, 말로만 듣던 불야성에.

B: 맞아. 저녁에 란콰이펑 가면 엄청 시끌벅적하대. 잘생기고 예쁜 사람도 많고. 그래서 최선을 다해서 예쁘게 입었지.

3

A: 모히또 한 잔 주세요.

B: 네, 다른 건 필요 없으세요?

랜드마크 여행의 추억을 오랫동안 기억하기 위해
여행 중에 인상 깊었던 내용을 반복합니다.

아래의 QR코드로 영상을 보며
큰소리로 따라 말해보세요.

请给我~

· 请给我餐巾纸。

· 请给我看菜单。

· 请给我一杯水。

· 请给我看旗袍。

· 请给我打包。

Qǐng gěi wǒ~

~주세요.

- Qǐng gěi wǒ cānjīnzhǐ.

- Qǐng gěi wǒ kàn càidān.

- Qǐng gěi wǒ yìbēi shuǐ.

- Qǐng gěi wǒ kàn qípáo.

- Qǐng gěi wǒ dǎ bāo.

- 냅킨 좀 주세요.

- 메뉴 좀 주세요.

- 물 한잔 주세요.

- 치파오 보여주세요.

- 포장해주세요.

홍콩의 주요 교통수단

• 港铁 지하철

총 10개 노선으로 운영되고 있는 MTR은 저마다의 이름을 가지고 있습니다. 전체 대중교통 이용자 수의 40%를 차지할 정도로 홍콩의 주요 교통수단입니다. 거미 모양 같이 생긴 마크가 MTR표시니 알아두시고 길을 찾거나 지도 보실 때 참고하세요. 그리고 MTR안에서 음식 먹거나 마시는 건 안 되니까 주의하세요.

• 香港电车 트램

1904년에 운행을 시작해 110년이 되어가는 홍콩의 대표적인 교통수단입니다. 레일을 따라 천천히 움직이는 트램이 승용차들과 함께 거리를 누비는 풍경이 홍콩을 더욱 이국적으로 만들어 주는 듯해요. 새벽 6시부터 밤 12시까지 운행하고요. 트램은 뒤로 탑승하고 앞으로 하차합니다.

• 双层公交车 2층 버스

트램과 함께 홍콩 도심을 오가는 대표적인 교통수단입니다. 2층 버스의 최고 좌석은 뭐니 뭐니 해도 2층 제일 앞자리입니다. 현금 이용 시 거스름돈 주지 않으니까 주의하세요.

• 公共小型巴士 미니버스

한국의 마을버스와 같은 개념인데요, 16명 정원으로 자리가 다 차면 그냥 지나치기도 합니다. 초록색 미니버스는 정해진 노선과 정류장이 있고요. 탑승 시 요금을 지불합니다. 빨간색 미니

버스는 정해진 노선이 없고 기사님이 임의로 노선을 바꾸기도 하며 특별히 금지된 곳을 제외하고는 모든 곳에서 상하차가 가능합니다. 내릴때 는 기사님께 내린다고 말하고 내리면 됩니다.

天星小轮 스타페리

카오룽 반도와 홍콩 섬은 MTR로 오가는 것이 가장 빠르긴 하나 스타페리를 이용하면 색다른 재미를 느낄 수 있을 거에요. 배위에서 바라보는 홍콩 섬과 카오룽 반도의 풍경이 남다릅니다. 모두 4개의 노선이 운영 중이고 그중 침사추이와 센트럴을 오가는 노선이 운영 중인데, 그 중 침사추이와 센트럴을 오가는 노선이 가장 인기가 많습니다. 옥토퍼스 카드로 승선이 가능하고 새벽 6시 반부터 밤 11시 반까지 운행합니다.

打的 택시

택시를 타고 섬과 섬을 이동할 때면 터널 요금을 추가로 지불해야 합니다. 빨간색 택시는 홍콩 섬과 구룡섬, 신계 지는 초록색, 란타우 섬은 하늘색 택시가 운행되고 있습니다.
아무데서나 잡는다고 해서 막 서지는 않고 지정된 곳에서 주로 서
는 편이기 때문에 이 점도 알아두세요.

랜드마크 중국 여행
홍콩(香港) 둘째날

48 몽콕
47 하버시티
46 침사추어
45 스타의거리

스타의 거리 〈星光大道〉

오늘 배울 문장은? ~해주실 수 있나요?

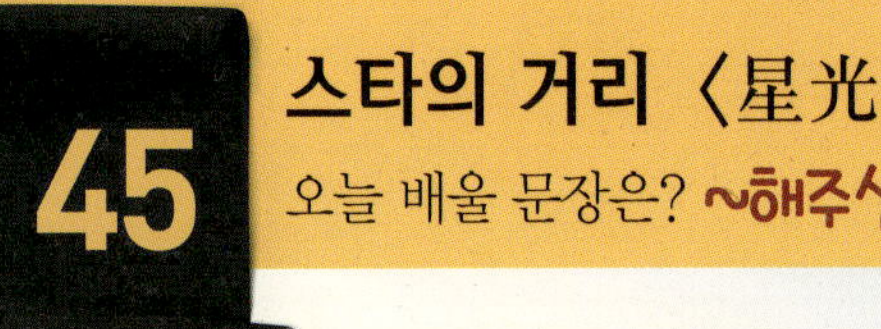

이곳의 정식 이름은 침사추이 산책로입니다. 스타의 거리는 할리우드의 것을 본뜬 것으로 길게 늘어선 산책로를 따라 홍콩영화를 수놓은 70여 명의 명패와 30여 명의 핸드프린트가 새겨져 있습니다. 대표적으로 곽부성, 양조위, 성룡, 여명, 장만옥, 유덕화, 주성치, 이연걸, 장백지 등의 핸드프린트가 있습니다. 배우뿐 아니라 감독, 작가, 미술감독까지 다양한 인물들이 소개돼 있는데요 나열된 순서는 홍콩영화에 기여한 공헌도라고 하네요. 거리 중간쯤 있는 이소룡 동상은 사람들 대부분이 기념사진을 찍는 핫스팟이기도 합니다.

이번 랜드마크에서는 어떤 대화를 하는지
먼저 살펴볼까요?

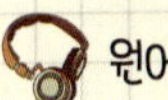

원어민의 음성을 들어보세요.

china_45.mp3

1

A : 사진 좀 찍어주실 수 있나요?

B : 이소룡 동상이랑 같이 찍으시게요?

A : Nǐ néng gěi wǒ pāi zhāng zhàopiàn ma?

B : Yào gēn lǐxiǎolóng tóngxiàng yìqǐ pāi ma?

2

A : 네. 이 버튼 누르시면 됩니다.

B : 세로로 찍을까요 아니면 가로로 찍을까요?

A : Shìde. àn zhè ge ànniǔ jiù kěyǐ.

B : Shùzhe pāi háishi héngzhe pāi?

3

A : 홍콩에 시멘트 위에 스타들 핸드 프린트한 그곳
있잖아. 거기 이름이 뭐지?

B : 스타의 거리. 침사추이 해안가 산책로야.

A : Xiānggǎng yǒu ge dìfang shuǐnídì shàng yǒu hěn duō
míngxīng de shǒuyìn. nà li jiào Shénme dìfang?

B : Xīngguāngdàdào. Jiānshāzuǐ de hǎibīn chángláng.

오늘 학습할 주요 단어입니다.
먼저 단어를 학습한 이후 본문으로 넘어가세요.

하루 학습할 단어 분량이
요거~ 밖에 안 되네요.
확실하게 준비하세요.

- 铜像 tóngxiàng 동상
- 按 àn
  (손이나 손가락으로) 누르다
- 按钮 ànniǔ 버튼, 스위치
- 竖 shù 세로의
- 横 héng 가로의

- 水泥地 shuǐnídì
  시멘트 바닥
- 手印 shǒuyìn
  손자국, 핸드프린트
- 联系方式 liánxìfāngshì
  연락처

315

이제 여행을 떠나 볼까요?
앞서 준비한 단어와 함께 차근차근 각 단계별로 학습해보세요.

🌺 랜드마크에 한 걸음 한 걸음 다가갈 수 있습니다.

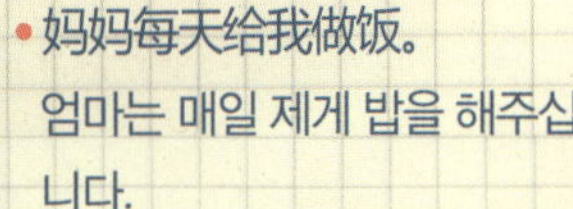

개사 给 뒤에는 동작의 수혜를 받는 대상이 나옵니다.
- 妈妈每天给我做饭。
  엄마는 매일 제게 밥을 해주십니다.
- 你别给弟弟做作业。
  동생 숙제해주지 마.

1

A: 你能给我拍张照片吗?

B: 要跟李小龙铜像一起拍吗?

2

A: 是的。按这个按钮就可以。

B: 竖着拍还是横着拍?

3

A: 香港有个地方水泥地上有很多明星的手印。那里叫什么地方?

B: 星光大道。尖沙咀的海滨长廊。

STEP 2. 병음 보고 말해보기

1

A: Nǐ néng gěi wǒ pāi zhāng zhàopiàn ma?

B: Yào gēn lǐxiǎolóng tóngxiàng yìqǐ pāi ma?

2

A: Shìde. àn zhè ge ànniǔ jiù kěyǐ.

B: Shùzhe pāi háishi héngzhe pāi?

3

A: Xiānggǎng yǒu ge dìfang shuǐnídì shàng yǒu hěn duō míngxīng de shǒuyìn. nà li jiào Shénme dìfang?

B: Xīngguāngdàdào. Jiānshāzuǐ de hǎibīn chángláng.

STEP 3. 우리말을 보고 중국어로 말해보기

1

A: 사진 좀 찍어주실 수 있나요?

B: 이소룡 동상이랑 같이 찍으시게요?

2

A: 네. 이 버튼 누르시면 됩니다.

B: 세로로 찍을까요 아니면 가로로 찍을까요?

3

A: 홍콩에 시멘트 위에 스타들 핸드 프린트한 그곳 있잖아. 거기 이름이 뭐지?

B: 스타의 거리. 침사추이 해안가 산책로야.

랜드마크 여행의 추억을 오랫동안 기억하기 위해
여행 중에 인상 깊었던 내용을 반복합니다.

 아래의 QR코드로 영상을 보며
큰소리로 따라 말해보세요.

你能给我 ~ 吗?

- 你能给我推荐一下菜吗?

- 你能给我看看他的照片吗?

- 你能给我介绍一下吗?

- 你能给我翻译吗?

- 你能给我你的联系方式吗?

<table>
<tr>
<td></td>
<td></td>
</tr>
</table>

Nǐ néng gěi wǒ~ma?

~해주실 수 있나요?

• Nǐ néng gěi wǒ tuījiàn yíxià cài ma?	• 음식 추천 좀 해주실 수 있나요?
• Nǐ néng gěi wǒ kànkan tā de zhàopiàn ma?	• 그의 사진을 좀 보여주실 수 있나요?
• Nǐ néng gěi wǒ jièshào yíxià ma?	• 제게 소개를 좀 해주실 수 있나요?
• Nǐ néng gěi wǒ fānyì ma?	• 제게 통역을 해주실 수 있나요?
• Nǐ néng gěi wǒ nǐ de liánxì fāngshì ma?	• 당신의 연락처를 주실 수 있나요?

46

침사추이 〈尖沙咀〉

오늘 배울 문장은? ~얼마나 걸리나요?

오랜 시간 홍콩을 대표하는 지역이지요. 카오룬 반도 남쪽에 자리한 관광과 쇼핑의 중심지입니다.
고층 빌딩과 오래된 골목길이 공존해 홍콩의 독특한 분위기를 느낄 수 있어요. 게다가 미슐랭 별을 받은 레스토랑을 비롯해 세계 각국의 요리를 맛볼 수 있어 관광객이 끊이질 않는답니다.

미리보기

이번 랜드마크에서는 어떤 대화를 하는지
먼저 살펴볼까요?

원어민의 음성을 들어보세요.

china_46.mp3

1

A : 침사추이 근처에 괜찮은 호텔 있나요?

B : 좋은 호텔이야 당연히 글로벌 브랜드 계열 호텔
들이지.

A : Jiānshāzuǐ fùjìn nǎ jiā jiǔdiàn bǐjiào hǎo?

B : Hǎode jiǔdiàn dāngrán shì guójì pǐnpái qíxià de jiǔdiàn.

2

A : 하루 묵는데 비싸지?

B : 비싸겠지. 인터넷에서 한번 찾아봐.

A : Zhù yì wǎn guì bu guì?

B : Yīnggāi hěn guì. nǐ zài wǎngshàng chá yíxià.

3

A : 스타페리 타고 침사추이에서 센트럴 가는데 얼
마나 걸려요?

B : 배가 건너가는 가는 데는 7-10분 정도인데, 배
편을 15-20분 정도 기다려야 해요.

A : Zuò tiānxīngxiǎolún cóng Jiānshāzuǐ dào Zhōnghuán yào
duōjiǔ?

B : Kāichuán dào duì'àn shì qī dào shí fēnzhōng, dànshì měi
ge bāncì yào děng shíwǔ dào èrshí fēnzhōng.

준비하기

오늘 학습할 주요 단어입니다.
먼저 단어를 학습한 이후 본문으로 넘어가세요.

 하루 학습할 단어 분량이
요거~ 밖에 안 되네요.
확실하게 준비하세요.

- **国际** guójì 국제의, 국제적인
- **品牌** pǐnpái 브랜드, 상표
- **旗下** qíxià 아래, 밑, 계열
- **网上** wǎngshàng
  온라인, 인터넷
- **查** chá
  조사하다, (뒤져서) 찾아보다
- **对岸** duì'àn
  맞은편 해안, 맞은편 언덕
- **班次** bāncì
  운행 횟수, 편수, 교대, 순번, 차례

이제 여행을 떠나 볼까요?
앞서 준비한 단어와 함께 차근차근 각 단계별로 학습해보세요.

🌺 랜드마크에 한 걸음 한 걸음 다가갈 수 있습니다.

STEP 1. 중국어 반복 듣기

tip

多久 일정 시간의 정도를 묻는 데 사용된다.

多 + 형로 만드는 의문문은 어떤 게 있을까요?

- 키를 물어볼 때는 높다, 키가 크다 高를 사용해 你多高?
- 나이를 물어볼 때는 크다, 나이가 많다 大를 사용해 你多大?
- 몸무게를 물어볼 때는 무겁다 重을 사용해 你多重?

- 要、有를 넣어서 要/有+多+형의 형식으로도 쓰이는데요. 여기서는 있다나 원하다의 뜻이 아니라 수치가 어느 정도에 달하는가를 묻는 의미입니다. 尖沙咀离这儿有多远? 침사추이가 여기서부터 얼마나 먼가요?

1

A: 尖沙咀附近哪家酒店比较好？

B: 好的酒店当然是国际品牌旗下的酒店。

2

A: 住一晚贵不贵？

B: 应该很贵。你在网上查一下。

3

A: 坐天星小轮从尖沙咀到中环要多久？

B: 开船到对岸是7-10分钟，但是每个班次要等15-20分钟。

<table>
<tr><td>

1

A: Jiānshāzuǐ fùjìn nǎ jiā jiǔdiàn bǐjiào hǎo?

B: Hǎode jiǔdiàn dāngrán shì guójì pǐnpái qíxià de jiǔdiàn.

2

A: Zhù yì wǎn guì bu guì?

B: Yīnggāi hěn guì. nǐ zài wǎngshàng chá yíxià.

3

A: Zuò tiānxīngxiǎolún cóng Jiānshāzuǐ dào Zhōnghuán yào duōjiǔ?

B: Kāichuán dào duì'àn shì qī dào shí fēnzhōng, dànshì měi ge bāncì yào děng shíwǔ dào èrshí fēnzhōng.

</td><td>

1

A: 침사추이 근처에 괜찮은 호텔 있나요?

B: 좋은 호텔이야 당연히 글로벌 브랜드 계열 호텔들이지.

2

A: 하루 묵는데 비싸지?

B: 비싸겠지. 인터넷에서 한번 찾아 봐.

3

A: 스타페리 타고 침사추이에서 센트럴 가는데 얼마나 걸려요?

B: 배가 건너가는 가는 데는 7-10분 정도인데, 배편을 15-20분 정도 기다려야 해요.

</td></tr>
</table>

랜드마크 여행의 추억을 오랫동안 기억하기 위해
여행 중에 인상 깊었던 내용을 반복합니다.

 아래의 QR코드로 영상을 보며
큰소리로 따라 말해보세요.

~要多久?

- 大概要多久?

- 到酒店要多久?

- 打车要多久?

- 全程要多久?

- 走路要多久?

<table>
<tr><td></td><td></td></tr>
</table>

~yào duōjiǔ?

- Dàgài yào duōjiǔ?

- Dào jiǔdiàn yào duōjiǔ?

- Dǎchē yào duōjiǔ?

- Quánchéng yào duōjiǔ?

- Zǒulù yào duōjiǔ?

~얼마나 걸리나요?

- 대략 얼마나 걸리나요?

- 호텔까지 얼마나 걸리나요?

- 택시 타면 얼마나 걸리나요?

- 전 코스가 얼마나 걸리나요?

- 걸으면 얼마나 걸리나요?

47

하버시티 〈海港城〉

오늘 배울 문장은? ∼해야 한다.

홍콩에 있는 수많은 쇼핑몰 중 단연 유명한 곳이라 할 수 있어요. 침사추이의 쇼핑몰 중 한 곳만 가야 한다고하면 하버시티!라는 말이 있을 정도예요. 총 건물 5개로 원스탑 쇼핑이 가능하답니다. 명품 브랜드, 로컬 브랜드, 푸드코트 등 다 모여있어요. 워낙 규모가 커서 배치도를 보고 동선 체크한 뒤 쇼핑하는 게 좋습니다.

이번 랜드마크에서는 어떤 대화를 하는지
먼저 살펴볼까요?

원어민의 음성을 들어보세요.

china_47.mp3

1

A : 하버시티는 언제부터 세일 시작해?

B : 연말에는 다 세일할 거야.

A : Hǎigǎngchéng shénme shíhou kāishǐ dǎzhé?

B : Nián zhōng dōu huì dǎzhé de.

2

A : 세일 폭은 큰가?

B : 꽤 크지.

A : Zhékòu lìdù dà ma?

B : Mán dà de.

3

A : 홍콩에서 하루정도 자유시간으로 쇼핑할 수 있
는데요, 어디를 가야 될까요?

B : 하버시티 가세요. 홍콩에서 면적이 제일 넓은
쇼핑센터예요.

A : Wǒ zài Xiānggǎng yǒu yìtiān zìyóu huódòng gòuwù
shíjiān, yīnggāi qù nǎlǐ?

B : Hǎigǎngchéng ba. shì Xiānggǎng miànjī zuì dà de gòuwù
zhōngxīn.

오늘 학습할 주요 단어입니다.
먼저 단어를 학습한 이후 본문으로 넘어가세요.

하루 학습할 단어 분량이
요거~ 밖에 안 되네요.
확실하게 준비하세요.

- **年终** nián zhōng 연말
- **折扣** zhékòu 할인, 에누리
- **力度** lìdù
역량, 깊이, 힘의 세기, 심도
- **蛮** mán
(원래는 베이징 사투리인데요 이
제는 전국적으로 두루 사용하고
있어요) 매우, 아주, 대단히

- **自由活动** zìyóu huódòng
자유 활동, 자유시간
- **面积** miàn jī 면적
- **认真** rènzhēn
진실하다, 착실하다, 꼼꼼하다
- **出差** chūchāi 출장 가다

이제 여행을 떠나 볼까요?
앞서 준비한 단어와 함께 차근차근 각 단계별로 학습해보세요.

 랜드마크에 한 걸음 한 걸음 다가갈 수 있습니다.

STEP 1. 중국어 반복 듣기

tip

应该~ 는 '도리상' ~해야 한다, 마땅히 ~해야 한다' 라는 의무를 강조하는 의미를 가지고 있는데요.

어떻게 하는 게 옳은지 말하고 어떤 일에 대해 자신의 의견이나 건의를 할 때도 쓰입니다. 부정형은 应该 앞에 不를 붙입니다.

1

A: 海港城什么时候开始打折?

B: 年终都会打折的。

2

A: 折扣力度大吗?

B: 蛮大的。

3

A: 我在香港有一天自由活动购物时间，应该去哪里?

B: 海港城吧。是香港面积最大的购物中心。

<table>
<tr><td></td><td></td></tr>
</table>

1

A: Hǎigǎngchéng shénme shíhou kāishǐ dǎzhé?

B: Nián zhōng dōu huì dǎzhé de.

2

A: Zhékòu lìdù dà ma?

B: Mán dà de.

3

A: Wǒ zài Xiānggǎng yǒu yìtiān zìyóu huódòng gòuwù shíjiān, yīnggāi qù nǎlǐ?

B: Hǎigǎngchéng ba. shì Xiānggǎng miànjī zuì dà de gòuwù zhōngxīn.

1

A: 하버시티는 언제부터 세일시작해?

B: 연말에는 다 세일할 거야.

2

A: 세일 폭은 큰가?

B: 꽤 크지.

3

A: 홍콩에서 하루정도 자유시간으로 쇼핑할 수 있는데요. 어디를 가야 될까요?

B: 하버시티 가세요. 홍콩에서 면적이 제일 넓은 쇼핑센터예요.

랜드마크 여행의 추억을 오랫동안 기억하기 위해
여행 중에 인상 깊었던 내용을 반복합니다.

STEP 1. 중국어 반복 듣기

아래의 QR코드로 영상을 보며
큰소리로 따라 말해보세요.

应该 ~

- 你**应该**认真学习。

- 他**应该**去出差。

- **应该**去看一看。

- **应该**小心点。

- **应该**带点吃的东西去。

yīnggāi~

~해야 한다.

- Nǐ yīnggāi rènzhēn xuéxí.

- Tā yīnggāi qù chūchāi.

- Yīnggāi qù kàn yí kàn.

- Yīnggāi xiǎoxīn diǎn.

- Yīnggāi dài diǎn chī de dōngxi qù.

- 넌 열심히 공부해야 해.

- 그는 출장을 가야 합니다.

- 넌 가서 봐야 해.

- 조심해야 해.

- 먹을 것을 좀 싸야 해.

몽콕 〈旺角〉

오늘 배울 문장은? **어떤(무슨) ~가 있나요?**

홍콩의 야시장을 즐기고 싶다면 몽콕의 여인가를 둘러보세요. 낡은 아파트, 삐죽삐죽 나온 간판, 허름한 상점 등 진짜 홍콩스런 풍경을 만날 수 있어요. 그리고 몽콕에는 유명한 금붕어 시장과 가전제품 상가, 새 공원, 꽃시장까지 다 모여 있어답니다. 그리고 사람들이 여인가에서 아기자기한 귀국 선물들을 구입하기도 한답니다.

이번 랜드마크에서는 어떤 대화를 하는지
먼저 살펴볼까요?

 원어민의 음성을 들어보세요.

china_48.mp3

1

A : 한 개에 150 홍콩달러에요.

B : 여러 개 사면 좀 깎아주실 수 있나요?

A : Yí ge yī bǎi wǔ gǎng bì.

B : Duō mǎi jǐ ge, néng piányi diǎnr ma?

2

A : 100에 드릴게요.

B : 그래도 좀 비싼데.. 좀 더 싸게 해주시면 살게요!

A : Gěi nǐ yī bǎi.

B : Háishi juéde yǒudiǎn guì zài piányi diǎnr wǒ jiù mǎi!

3

A : 몽콕에 뭐 재밌게 놀만 한 데가 있나?

B : 레이디스 마켓. 맛있는 것도 많고 재밌는 상점들 많아. 가격도 괜찮고.

A : Wàng jiǎo yǒu shénme hǎowán de dìfang ma?

B : Nǚrénjiē a. yǒu hěn duō hǎochī hǎowán de diànpù, jiàgé yě hái hǎo.

오늘 학습할 주요 단어입니다.
먼저 단어를 학습한 이후 본문으로 넘어가세요.

🌺 하루 학습할 단어 분량이
요거~ 밖에 안 되네요.
확실하게 준비하세요.

- 港币 gǎng bì 홍콩달러
- 便宜 piányi 싸다
- 店铺 diànpù
  상점, 가게, 점포
- 价格 jiàgé 가격
- 心事 xīnshì
  걱정거리, 고민거리, 시름
- 优惠 yōuhuì
  특혜의, 우대의, 할인의

이제 여행을 떠나 볼까요?
앞서 준비한 단어와 함께 차근차근 각 단계별로 학습해보세요.

🌺 랜드마크에 한 걸음 한 걸음 다가갈 수 있습니다.

STEP 1. 중국어 반복 듣기

tip

쇼핑 관련 표현

- 这款有没有货?
  이 물건 있나요?
- 没有我想买的款式。
  제가 사려는 디자인이 없어요.
- 对我来说，款式有点儿花哨。
  제게는 이 디자인은 좀 화려한 것 같아요.
- 颜色有点儿艳丽。
  색이 좀 화려한 것 같아요.
- 我穿S码的。
  저는 S사이즈 입어요.
- 那件大衣的腰身太大了。
  이 코트 허리 부분이 너무 커요.

1

A: 一个150港币。

B: 多买几个，能便宜点儿吗?

2

A: 给你100。

B: 还是觉得有点贵。再便宜点儿我就买！

3

A: 旺角有什么好玩的地方吗?

B: 女人街啊。有很多好吃好玩的店铺，价格也还好。

1

A: Yí ge yī bǎi wǔ gǎng bì.

B: Duō mǎi jǐ ge, néng piányi diǎnr ma?

2

A: Gěi nǐ yī bǎi.

B: Háishi juéde yǒudiǎn guì. zài piányi diǎnr wǒ jiù mǎi!

3

A: Wàng jiǎo yǒu shénme hǎowán de dìfang ma?

B: Nǚrénjiē a. yǒu hěn duō hǎochī hǎowán de diànpù, jiàgé yě hái hǎo.

1

A: 한 개에 150 홍콩달러에요.

B: 여러 개 사면 좀 깎아주실 수 있나요?

2

A: 100에 드릴게요.

B: 그래도 좀 비싼데.. 좀 더 싸게 해주시면 살게요!

3

A: 몽콕에 뭐 재밌게 놀만 한 데가 있나?

B: 레이디스 마켓. 맛있는 것도 많고 재밌는 상점들 많아. 가격도 괜찮고.

랜드마크 여행의 추억을 오랫동안 기억하기 위해
여행 중에 인상 깊었던 내용을 반복합니다.

 아래의 QR코드로 영상을 보며
큰소리로 따라 말해보세요.

有什么 ~ 吗?

- 有什么心事吗?

- 有什么优惠吗?

- 有什么重要的吗?

- 有什么推荐的吗?

- 有什么想去的地方吗?

Yǒu shénme~ ma?

어떤(무슨) ~가 있나요?

- Yǒu shénme xīnshì ma?

- Yǒu shénme yōuhuì ma?

- Yǒu shénme zhòngyào de ma?

- Yǒu shénme tuījiàn de ma?

- Yǒu shénme xiǎng qù de dìfang ma?

- 무슨 고민이 있나요?

- 무슨 혜택이 있나요?

- 어떤 중요한 것이 있나요?

- 어떤 추천할 게 있나요?

- 무슨 가고 싶은데라도 있나요?

화장품 종류

샤샤 가서 원하는 화장품이 있다면 주저하지 말고 이젠 당당히 중국어로 말하세요.
이 화장품은 중국어로 뭐라고 말하지?!

洗面奶 xǐmiànnǎi 클렌징 폼

洁面霜 jiémiànshuāng 클렌징크림

卸妆油 xièzhuāngyóu 클렌징 오일

喷雾 pēnwù 미스트

爽肤水 shuǎngfūshuǐ 토너

乳液 rǔyè 로션

精华素 jīnghuásù 에센스

精华液 jīnghuáyè 에센스

眼霜 yǎnshuāng 아이크림

面霜 miànshuāng 크림

面膜 miànmó 팩

睡眠面膜 shuìmián miànmó 수면팩

防晒霜 fángshàishuāng 선크림

打底液 dǎdǐyè 프라이머

隔离霜 gélíshuāng 메이크업 베이스

粉底液 fěndǐyè 파운데이션

遮瑕膏 zhēxiágāo 컨실러

BB霜 BBshuāng 비비크림

粉饼 fěnbǐng 압축 파우더

散粉 sǎnfěn 루스 파우더

高光 gāoguāng 하이라이터

腮红 sāihóng 볼터치

口红 kǒuhóng 립스틱

唇彩 chúncǎi 립글로스

眼影 yǎnyǐng 아이섀도우

眼线笔 yǎnxiànbǐ 펜슬 아이라이너

眼线液 yǎnxiànyè 액체 아이라이너

睫毛膏 jiémáogāo 마스카라

眉笔 méibǐ 眉粉 méifěn 아이브로우

沐浴露 mùyùlù 바디클렌저

润肤乳 rùnfūrǔ 바디로션
磨砂膏 móshāgāo 스크럽제
洗发水 xǐfàshuǐ 샴푸
护发素 hùfàsù 린스
发胶 fàjiāo 헤어젤, 헤어스프레이
棉签 miánqiān 면봉
化妆棉 huàzhuāngmián 화장솜
粉扑 fěnpū 퍼프
睫毛夹 jiémáojiā 뷰러
修眉刀 xiūméidāo 눈썹 칼
海绵 hǎimián 스펀지
小刷子 xiǎoshuāzi 브러시
护手霜 hùshǒushuāng 핸드크림
香水 xiāngshuǐ 향수
混合型皮肤 hùnhéxíngpífū 복합성 피부
干性皮肤 gānxìngpífū 건성 피부
油性皮肤 yóuxìngpífū 지성 피부
中性皮肤 zhōngxìngpífū 중성 피부
敏感性皮肤 mǐngǎnxìngpífū 민감성 피부

랜드마크 중국 여행
홍콩(香港) 셋째날
PRADA
SOGO
SK-II
THAI
THE BODY SHOP
TITONI
OF SWITZERLAND

50 샤샤
49 코즈웨이베이

코즈웨이베이 〈铜锣湾〉

오늘 배울 문장은? 몇~

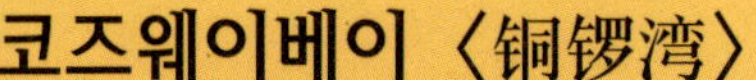

홍콩 최대의 공원인 빅토리아 공원이 코즈웨이베이에 있는데요. 그보다 유명한 것이 바로 쇼핑센터들입니다. 소고백화점을 중심으로 타임스퀘어, 하이산 플레이스, 리가든스 등 대형 쇼핑몰뿐만 아니라 단독 샵들도 많이 모여 있어요.

이번 랜드마크에서는 어떤 대화를 하는지
먼저 살펴볼까요?

 원어민의 음성을 들어보세요.

china_49.mp3

1

A : 홍콩 며칠 놀러 가려고 하는데, 조언 좀~
B : 며칠 묵을 수 있는데? 주로 하고 싶은 게 뭐야?

A : Zìjǐ qù Xiānggǎng wán jǐ tiān, gěi xiē jiànyì ba.
B : Nǐ huì dāi jǐ tiān? nǐ zhǔyào xiǎng zuò shénme?

2

A : 3박 4일. 나 쇼핑하면서 물건 사는 거! 아이 러브 쇼핑!
B : 코즈웨이베이 가봐.

A : Sì tiān sānyè, xiǎng qù guàngjiē mǎi diǎn dōngxi. Wǒ ài xuèpīn!
B : Qù Tóngluówān kànkan.

3

A : 제가 코즈웨이베이 가려고 하는데요. 코즈웨이베이 역 도착하면 좀 알려주실 수 있을까요?
B : 다음 역에서 내리시면 됩니다.

A : Wǒ xiǎng qù Tóngluówān. dào le Tóngluówān zhàn qǐng gàosu wǒ, hǎo ma?
B : Jiù shì xià yí zhàn xià chē.

오늘 학습할 주요 단어입니다.
먼저 단어를 학습한 이후 본문으로 넘어가세요.

하루 학습할 단어 분량이
요거~ 밖에 안 되네요.
확실하게 준비하세요.

- 呆 dāi 머물다
- 血拼 xuèpīn
  쇼핑 (영어 'shopping'의 음역)

- 告诉 gàosu
  알리다, 알려주다
- 小朋友 xiǎopéngyou
  어린아이, 꼬마

이제 여행을 떠나 볼까요?
앞서 준비한 단어와 함께 차근차근 각 단계별로 학습해보세요.

🌺 랜드마크에 한 걸음 한 걸음 다가갈 수 있습니다.

STEP 1. 중국어 반복 듣기

tip

코즈웨이베이에 있는 주요 쇼핑몰 중국어로 뭐라고 할까요?

- 崇光百货 chóng guāng bǎi huò
  소고
- 时代广场 shí dài guǎng chǎng
  타임스퀘어
- 希慎广场 xī shèn guǎng chǎng
  하이산 플레이스
- 利园一&二 lì yuán yī & èr
  리가든스 원&투
- 名店坊 míng diàn fāng
  패션워크
- 宜家家居 yí jiā jiā jū
  이케아

1

A: 自己去香港玩几天，给些建议吧。

B: 你会呆几天？你主要想做什么？

2

A: 4天3夜，想去逛街买点东西。我爱血拼！

B: 去铜锣湾看看。

3

A: 我想去铜锣湾。到了铜锣湾站请告诉我，好吗？

B: 就是下一站下车。

1

A: Zìjǐ qù Xiānggǎng wán jǐ tiān, gěi xiē jiànyì ba.

B: Nǐ huì dāi jǐ tiān? nǐ zhǔyào xiǎng zuò shénme?

2

A: Sì tiān sānyè, xiǎng qù guàngjiē mǎi diǎn dōngxi. Wǒ ài xuèpīn!

B: Qù Tóngluówān kànkan.

3

A: Wǒ xiǎng qù Tóngluówān. dào le Tóngluówān zhàn qǐng gàosu wǒ, hǎo ma?

B: Jiù shì xià yí zhàn xià chē.

1

A: 홍콩 며칠 놀러 가려고 하는데, 조언 좀~

B: 며칠 묵을 수 있는데? 주로 하고 싶은 게 뭐야?

2

A: 3박 4일. 나 쇼핑하면서 물건 사는 거! 아이 러브 쇼핑!

B: 코즈웨이베이 가봐.

3

A: 제가 코즈웨이베이 가려고 하는데요. 코즈웨이베이 역 도착하면 좀 알려주실 수 있을까요?

B: 다음 역에서 내리시면 됩니다.

랜드마크 여행의 추억을 오랫동안 기억하기 위해
여행 중에 인상 깊었던 내용을 반복합니다.

 아래의 QR코드로 영상을 보며
큰소리로 따라 말해보세요.

几~

- 今天几号?

- 明天星期几?

- 小朋友几岁了?

- 到铜锣湾坐几路车?

- 需要几个小时?

jǐ~

몇~

- Jīntiān jǐ hào?

- Míngtiān xīngqī jǐ?

- Xiǎopéngyou jǐ suì le?

- Dào tóngluówān zuò jǐ lù chē?

- Xū yào jǐ ge xiǎo shí?

- 오늘 며칠이죠?

- 내일 무슨 요일이죠?

- 꼬마야 몇 살이니?

- 코즈웨이베이 가려면 몇 번 버스 타나요?

- 몇 시간 걸리나요?

50

샤샤(드럭스토어) 〈莎莎〉

오늘 배울 문장은? 비록~지만, ~ 그러나~

홍콩에 유명한 뷰티&드럭스토어 체인점이 여러 곳 있는데요 가장 유명한 곳이 샤샤입니다. 홍콩에 100개 이상의 지점을 둔 홍콩 쇼핑의 필수 코스가 되었어요. 다양한 브랜드의 화장품과 향수 만날 수 있고요. 가격도 착하고 종류도 많아서 여성분들이 개미지옥이라고 부른답니다. 그 밖에 컬러 믹스(卡莱美), 봉주르(卓悦), 왓슨스(居臣氏), 매닝스(万宁)등이 있습니다.

이번 랜드마크에서는 어떤 대화를 하는지
먼저 살펴볼까요?

원어민의 음성을 들어보세요.

china_50.mp3

1

A : 너 또 화장품 샀어?

B : 이건 한정판 립스틱이라고! 내가 얼마나 찾았는
데 겨우 찾았다고!

A : Nǐ yòu mǎi huàzhuāngpǐn le?

B : Zhè jiù shì xiànliàngbǎn kǒuhóng! Wǒ zhǎo le bàntiān
zhōngyú zhǎodào le!

2

A : 이 브랜드 엄청 비싼 거 아냐.

B : 내가 립스틱 홀릭이잖아. 비싸긴 한데 살 가치가
있어.

A : Zhè páizi tǐng guì ba.

B : Wǒ shì kǒuhóng kòng. suī shuō yǒudiǎn guì dànshì zhí dé
mǎi.

3

A : 샤샤랑 봉주르 어디가 좋아?

B : 각각의 장점이 있지.

A : Shāshā hé zhuóyuè nǎ ge hǎo?

B : Gèyǒugède chángchù.

오늘 학습할 주요 단어입니다.
먼저 단어를 학습한 이후 본문으로 넘어가세요.

하루 학습할 단어 분량이
요거~ 밖에 안 되네요.
확실하게 준비하세요.

- 限量版 xiànliàngbǎn
  한정판
- 半天 bàntiān 한참 동안
- 终于 zhōngyú 드디어
- ~控 kòng
  ~의 마니아, 거기에 빠졌다

- 各有各的 gèyǒugède
  제각기 다른
- 长处 chángchù
  장점, 우수한 점
- 不冷不热 bùlěngbúrè
  춥지도 덥지도 않다, 미온적이다

이제 여행을 떠나 볼까요?
앞서 준비한 단어와 함께 차근차근 각 단계별로 학습해보세요.

 랜드마크에 한 걸음 한 걸음 다가갈 수 있습니다.

STEP 1. 중국어 반복 듣기

tip

虽说~但是 대신에 虽然~但是 을 써도 되고요. 虽说 가 조금 더 구어체 같은 느낌입니다. 여기서 虽说 虽然 은 생략 가능합니다. 但是 대신에 可是/不过/然而 을 써도 다 같은 뜻입니다.
• 他虽然不是中国人，可是汉 语说得非常好。
그는 중국인은 아니지만, 중국 어를 정말 잘한다.

1

A: 你又买化妆品了？

B: 这就是限量版口红！我 找了半天终于找到了！

2

A: 这牌子挺贵吧。
B: 我是口红控。虽说有点 贵但是值得买。

3

A: 莎莎和卓悦哪个好？

B: 各有各的长处。

<table>
<tr><td>

1

A： Nǐ yòu mǎi huàzhuāngpǐn le?

B： Zhè jiù shì xiànliàngbǎn kǒuhóng! Wǒ zhǎo le bàntiān zhōngyú zhǎodào le!

2

A： Zhè páizi tǐng guì ba.

B： Wǒ shì kǒuhóng kòng. suīshuō yǒudiǎn guì dànshì zhí dé mǎi.

3

A： Shāshā hé zhuóyuè nǎ ge hǎo?

B： Gèyǒugède chángchù.

</td><td>

1

A： 너 또 화장품 샀어?

B： 이건 한정판 립스틱이라고! 내가 얼마나 찾았는데 겨우 찾았다고!

2

A： 이 브랜드 엄청 비싼 거 아냐.

B： 내가 립스틱 홀릭이잖아. 비싸긴 한데 살 가치가 있어.

3

A： 샤샤랑 봉주르 어디가 좋아?

B： 각각의 장점이 있지.

</td></tr>
</table>

랜드마크 여행의 추억을 오랫동안 기억하기 위해 여행 중에 인상 깊었던 내용을 반복합니다.

아래의 QR코드로 영상을 보며 큰소리로 따라 말해보세요.

虽说~但是~

- 虽说我们见过但是不太熟。

- 虽说我们和好了但是还是不冷不热。

- 虽说学过汉语但是说得不太好。

- 虽说年纪大但是身材苗条。

- 虽说长得好看但是性格不好。

Suīshuō ~ dànshì~

비록~지만, ~ 그러나~

- Suīshuō wǒmen jiànguo dànshì bú tài shú.

- Suīshuō wǒmen héhǎo le dànshì háishi bù lěng bú rè.

- Suīshuō xuéguo Hànyǔ dànshì shuō de bú tài hǎo.

- Suīshuō niánjì dà dànshì shēncái miáotiáo.

- Suīshuō zhǎng de hǎokàn dànshì xìnggé bù hǎo.

- 만난 적은 있지만 잘 모른다.

- 우리는 비록 화해했지만 아직도 미지근한 사이다.

- 중국어를 배웠지만 잘 못한다.

- 나이는 많지만 몸매가 좋다.

- 예쁘게 생겼지만 성격이 나쁘다.

중국어로 배우는 감성적인 여행 어록

旅游的目的不是最重点的，重要的是跟谁一起去。
Lǚyóu de mùdì búshì zuì zhòngdiǎn de, zhòng yào de shì gēn shéi yìqǐ qù.

여행의 목적은 중요하지 않아요, 누구랑 가는 게 숭요한 거죠.

所谓旅游，就是从自己住腻了的地方，到别人住腻了的地方，到别人住腻了的地方去体验别人已经住腻。
suǒwèi lǚ yóu jiùshì cóng zì jǐ zhù nì le de dìfang dào biérén zhù nì le de dìfang dào biérén

zhùnì le de dìfang qù tǐyàn biérén yǐjīng zhù nì.

了的感受。
le de gǎnshòu.

흔히 말하는 여행, 그것은 자신이 질리도록 살았던 곳에서, 다른 사람이 질리도록 살았던 곳으로 가는 것. 다른 사람이 질리도록 산 곳에서 다른 사람이 질리도록 느낀 그 경험을 느끼고 오는 것.

一个人从旅行中得到多少无关于他去过多少美丽的地方，而在于他在一个地方发现了多少美丽的故事。
Yí ge rén cóng lǚxíng zhōng dédào duōshǎo wúguānyú tā qùguo duōshǎo měilì de dìfang

ér zàiyú tā zài yígè dìfang fāxiànle duōshǎo měilì de gùshi.

한 사람이 여행에서 얻는 그 많은 것들은 그가 아름다운 곳을 얼마나 많이 갔는지에 있는 게 아니라, 그가 그곳에서 어떠한 아름다운 이야기를 발견했는가에 있다.

一年当中，去一次你从未去过的地方：达赖喇嘛

Yìnián dāngzhōng, qù yícì nǐ cóngwèi qùguo de dìfang ： dálàilǎma

일 년 중 한 번은 당신이 가보지 않은 곳을 가봐라 : 달라이라마

一个好的旅行者没有固定的计划，并且不是热衷于到达目的地： 老子

Yí ge hǎo de lǚxíngzhě méiyǒu gùdìng de jìhuà, bìngqiě búshì rèzhōngyú dàodá mùdìdì： lǎozi

좋은 여행자는 고정적인 계획이 없는 사람이고, 목적지에 도착할 열의가 없는 사람이다 : 노자

有的事情现在不做，就一辈子也不会做了。

Yǒude shìqing xiànzài búzuò, jiù yíbèizi yě búhuì zuò le.

어떤 일은 지금 하지 않으면, 영원히 하지 못한다.

人生至少要有两次冲动，一次奋不顾身的爱情，一次说走就走的旅行。

Rénshēng zhìshǎo yào yǒu liǎngcì chōngdòng, yícì fènbúgùshēn de àiqíng, yícì shuō zǒu jiù zǒu de lǚxíng.

인생은 적어도 2가지 사항은 충동적이어야 한다. 하나는 헌신적으로 돌진하는 사랑, 다른 하나는 말하면 떠날 수 있는 여행.

50패턴으로 여행하는 랜드마크 중국어회화